国家社科基金重大招标项目（项目批准号：12&ZD203）
我国大中城市公共交通可持续优先发展的制度设计与运营机制研究

公共交通服务：从补贴到购买

徐丽群 － 著

Public Transport Service:
From State Subsidy to Outsourcing

上海交通大学出版社
SHANGHAI JIAO TONG UNIVERSITY PRESS

内容提要

   本书系上海交通大学安泰经济与管理学院"管理研究丛书"之一。该书剖析中国城市公共交通制度供给的发展历程,探索政府购买公共交通服务面临的挑战,并对政府购买公交服务机制进行了设计。全书共分 8 章,主要包括:公交发展的主要制度供给历程、政府财政补贴制度的变迁与绩效分析、政府购买服务的产权与效率、垄断与竞争的思考,以及购买服务机制设计的理论与方法等内容。通过对这些内容的研究,提出政府购买服务的理论、方法和机制,为政府购买公交服务提供决策支持。本书适合政府官员、从事公共交通研究的专家学者,以及从事公共交通运营管理的相关人员参考使用。

图书在版编目(C I P)数据

   公共交通服务:从补贴到购买 / 徐丽群著. —上海:上海
交通大学出版社,2019
   ISBN 978 - 7 - 313 - 22306 - 7

   Ⅰ.①公…　Ⅱ.①徐…　Ⅲ.①城市交通运输-运输经
济-研究-中国　Ⅳ.①F572

   中国版本图书馆 CIP 数据核字(2019) 第 256092 号

公共交通服务:从补贴到购买
GONGGONG JIAOTONG FUWU:CONG BUTIE DAO GOUMAI

著　　者:徐丽群			
出版发行:上海交通大学出版社		地　　址:上海市番禺路 951 号
邮政编码:200030		电　　话:021 - 64071208
印　　刷:当纳利(上海)信息技术有限公司		经　　销:全国新华书店
开　　本:710mm×1000mm　1/16		印　　张:8
字　　数:125 千字		
版　　次:2019 年 12 月第 1 版		印　　次:2019 年 12 月第 1 次印刷
书　　号:ISBN 978 - 7 - 313 - 22306 - 7		
定　　价:48.00 元		

前　言

伴随着城镇化发展带来的聚集经济效益,交通拥堵、环境污染和城市运营成本过高等"大城市病"问题始终困扰着城市管理者,城市政府不得不面临以小汽车为主发展还是以公共交通为主发展的抉择。土地资源的紧缺和能源的不可再生性,促使中国政府于 2004 年提出了城市公共交通优先发展战略,并于 2006 年实行了低票价政府财政补贴制度。在补贴制度的实施过程中,始终存在几个需要着力解决的问题:首先,公益性亏损与经营性亏损界定难,政府对财政支出的控制有限;其次,根据核算的成本进行事后财政补贴,无论是成本规制补贴还是全额补贴,都不利于调动企业降低运营成本的积极性;最后,无论是国有企业、股份制企业还是民营企业,都是通过政府成本补贴方式运营,没有很好地体现产权安排效率。

低票价财政补贴制度出台的目的是:以最大限度地吸引客流,提高城市公共交通工具的利用效率。然而,截至 2018 年年底,中国近 300 个地级及以上城市中,只有 12 个城市成为国家公交都市建设示范城市,城市公交发展水平与政府期望具有很大的差距。与此同时,城市政府普遍感受到财政负担过重的压力,公交优先发展战略能否持续受到质疑。

当一个制度实施不能产生更高效率时,必然会被一个新的制度所代替。2016 年中国政府提出"深化城市公交行业体制机制改革","建立政府购买城市公交服务机制",提高行业效率。实际上,中国公共交通从 20 世纪 80 年代起就开始改革,"产权换效率"一直是改革的主题。然而,事实是城市公交行业效率并没有因此而提高,产权理论在中国公交行业的实践受到了挑战。2006 年,中国政府明确了公共交通的公益属性,一些城市发生了民营资本的逐利性与公交公益性的冲突。随着众多城市公交民营化改革的失败,2008 年后公车公营成为改革主流,公交公益性落实成为公交优先发展的根本目标。

　　政府购买公交服务的本质是放开市场准入,引入竞争机制,提高行业服务效率和水平。如何在现有的公车公营基础上引入竞争机制和调动企业降低成本的积极性,需要解决产权与效率、垄断与竞争,以及成本与定价等诸多问题。本书首先对中国公共交通制度供给历程进行系统梳理,分析补贴制度形成的原因;其次,对补贴制度的演化过程和诱因进行分析,并对制度绩效进行评价。再次,在上述基础上,分析制度环境变化,提出制度变迁需求,即建立政府购买公共交通服务制度,对政府购买服务涉及的产权与效率、垄断与竞争,以及成本与定价等问题进行讨论,提出政府管制措施;最后,设计政府购买公交服务的治理机制,并对广东省佛山市公交管理实践进行分析,提出建立政府购买服务制度的建议。

目　录

第1章 公共交通发展的制度供给

1.1 中国城市公共交通制度需求与供给历程

制度对一个国家经济绩效的影响是无可争议的,同样,公共交通发展制度对公交绩效具有决定性作用。自 1949 年中华人民共和国成立以来,中国经济经历了若干个发展阶段。在每一个发展阶段,经济发展速度、城镇化发展水平、技术进步程度,以及公众生活质量和公平性要求等制度环境的变化,均对公共交通制度产生了需求。

1.1.1 中华人民共和国成立初期

1. 1949—1957 年

这个时期中华人民共和国刚刚成立,百废待兴,发展经济成为国家建设的首要任务。其间,1950 年抗美援朝开始,1953 年 7 月底停战,之后于 1953 年开始国民经济发展的第一个五年计划(简称"一五"计划,1953—1957 年)。在经济落后、国家财力有限、技术力量不足的背景下,"一五"计划考虑了当时中华人民共和国成立后三年经济恢复情况,设立了国民经济发展目标。国民经济发展目标中包括运输业发展目标,如五年内实现铁路总长度增加 1 万公里,修建公路 1 万公里以上等。在第一个五年计划实施过程中,运输交通部门的经济核算问题引起了中央政府的高度重视。1955 年 7 月 5 日,在《关于发展国民经济的第一个五年计划的报告》中,提到"我们必须大大地加强各生产部门、运输交通部门和商业部门的经济核算制","降低成本和流通费用"。

第一个五年计划的指导思想是重点发展重工业。当时,中国农村人口居多,1955 年的城镇化率只有 13.48%,城市公共交通发展问题并不突出。中国城市交通十分落后,只有少数大城市如北京、上海和天津等才有少量汽车、无轨电车与有轨电车。10万人口的小城市几乎没有公共交通车辆，居民出行主要靠步行、马车和人力车等。这个时期，人、机动车、马车混行，交通混乱，规范交通行为成为制度设计的主要诉求。

与公共交通相关的制度设计主要包含在城市交通规则中，如《城市交通规则》和《公路交通规则》等。1950年4月9日《江西政报》刊发了《中南区各城市陆上交通管理暂行规则》，其第32条规定了公共交通乘客的行为准则，如不准携带危险品上车，不准将头和脚伸出窗外，不准吸烟、吃东西和吐痰；第42、43、44条规定了公共汽车不得在站点外停靠，站点布设距离交叉口、单位等50公尺以外，车辆在站点停靠不得超前落后，影响乘车秩序。

1951年5月，中央人民政府公安部颁布了《城市陆上交通管理暂行规则》，为车辆、电车、行人等制定了交通规则；1955年8月19日，《城市交通规则》出台，取代了1951年公布的《城市陆上交通管理暂行规则》。《城市交通规则》第36条明确规定"电车、公共汽车行驶路线和车站的设立、变更，须事先征得当地公安局的同意"；第37条规定"电车、公共汽车除特殊情况外，不准在中途停车或上下乘客"。1956年2月1日，国务院总理周恩来签发《国务院关于节约汽油的指示》，其中提到"加强对汽车使用和运输的管理""在交通便利的大、中城市，各机关的大客车，应该有计划地、有步骤地移交给公共汽车公司，增辟公共交通线路，增加班次，并且可以制定汽车出租办法"。

2. 1958—1965年

第一个五年计划虽然取得了很好的成绩，但也出现了新的矛盾，如农业生产赶不上工业发展的要求、国家建设与人民生活水平提高的矛盾等。在这种背景下，从1958年开始的国民经济的第二个五年计划（简称"二五"计划，1958—1962年），虽然存在农业生产落后情况，但基本任务仍然是发展重工业。受到1958年"大跃进"和人民公社化运动的影响，"二五"计划目标与实际能力脱节，国民经济发展比例严重失调。其间，1959—1961年，中国又经历了三年自然灾害和苏联专家撤走等困难，"二五"计划没有按时完成。中央决定将1963—1965年作为发展的过渡阶段，为第三个五年计划的实施创造条件。

1960年城镇化率为19.75%。由于"二五"计划没有按时完成，中央政府提出"精简职工和城镇人口"措施，1965年城镇化率下降到17.98%。这个时期，中国仍旧农业人口众多，城市人口较少，规范交通行为成为制度设计的重点。

1960 年 7 月 31 日,国务院批准了《公路交通规则》,于 8 月 27 日开始施行。《公路交通规则》对车辆行驶、驾驶人和乘车人行为进行了规范,其第 44 条对机动车乘车人员的行为进行了规定,如不准携带容易引起爆炸、燃烧的物品上车,开车后不得与驾驶员谈话,不得将头部或肢体伸出车外,上下车时必须等车停稳后从车厢右边或后边上下,等等。

1.1.2　"文化大革命"时期到 20 世纪 70 年代末

1. 1966—1976 年

经历了三年经济发展调整的过渡期,国民经济的第三个五年计划(1966—1970 年)于 1966 年正式开始。也是在 1966 年,"文化大革命"爆发,红卫兵大串联活动使国家交通运输面临重大考验。政府认识到交通运输对国民经济发展的重要作用,在《1969 年国民经济计划纲要(草案)》中提到要"继续狠抓交通运输"。在 1966—1976 年的"文化大革命"时期,虽然经济发展受到了一定影响,但国民经济建设没有中断,也取得了一定的成绩。

在这个时期,中国政府采取了"逆城镇化"战略,大批城市青年到农村插队落户,接受贫下中农再教育,同时严格限制城市人口的扩张。在现有的城市公共交通供给能力的基础上,城市居民对公共交通车辆性能的要求逐渐提高,新型公共交通车辆设计成为这个时期重要的需求。此外,普通话推广也在公共交通行业中实行。

2. 1976—1980 年

中国政府于 1976—1980 年实施了国民经济第五个五年计划,人均国内生产总值从 1978—1980 年保持上升趋势。虽然 1978 年的城镇化率仅为17.92%,但城镇人口增加到 17 245 万人,与 1965 年的城镇人口相比增加了32%。截至 1980 年,城镇化率达到 19.39%,城镇人口增加到 19 140 万人,对城市公共交通产生了很大的需求。这个时期城市公共交通发展迅速,全国许多城市都开通了公共汽车线路,但总体上看,城市公共交通运输能力不能满足居民的出行需求,自行车成为城市居民经常使用的出行工具。

北京市规划局在 1978 年 9 月对北京市区职工上下班交通情况进行了调查,认为"公共交通路网稀、乘车挤、客运速度低,不能满足日益增长的乘车需要",自行车是解决交通问题的主要工具。城市道路上机动车、自行车、行人甚至马车混行,交通混乱,城市交通规划的科学性引起了广泛关注。

1.1.3　20世纪80年代到20世纪末

1. 1981—1990年

20世纪80年代，国民经济第六、第七个五年计划实施，中国经济得到了很大的发展。随着城市人口的增加和人民生活水平的提高，选择公共交通出行的居民越来越多，大城市乘车难问题凸显。城市公共交通运营能力与需求量不相适应，从而形成较为普遍的"乘车难"问题。据1988年对全国57个大城市公共汽车、电车的统计，年客运量与1978年相比，年平均增长率为6.81%，而与之相应的运营公里年平均增长仅5.86%（陈适，1990）。西安市客运能力的增长跟不上实际需要的增长速度，运力和客流量之间存在一定矛盾，不少线路存在的"乘车难"问题亟待解决（严宝杰，1982）。同样，广州市也存在市内公共交通"乘车难"问题。许多专家认为管理不严、分配制度不尽合理、运力不够、司机不足、票价不合理，以及道路不通畅是"乘车难"问题产生的主要原因。

此时，国外公共交通发展经验（如地铁、轻轨建设等）能否在中国应用，引起了学者的广泛关注。有学者认为，中国大城市的客运交通问题，还是应该依靠公共交通和自行车，不必发展小汽车和高速公路。要改进，要着眼于对公共交通的改进，同时提高自行车交通的效率（严宝杰，1981）。在城市公共交通供给能力有限的情况下，自行车成为人们出行首选交通工具。据1983年年底统计，天津市自行车保有量为362万辆，职工家庭中每2个人就有1.2辆自行车，居民出门骑自行车的比例占44.5%，乘公共汽车和电车的占10.3%，步行的占42.6%。自行车的快速发展，挤占了公共汽车道路，使公共汽车速度越来越慢，而且存在交通事故隐患。过多的自行车与公共交通发展落后互为因果，形成恶性循环（杨继绳，1985）。

《中华人民共和国国民经济与社会发展第六个五年计划（1981—1985）》中提出"大力发展城市公共交通，开辟一些新线路网，搞好场、站建设。在有条件的城市发展一些无轨电车"。1982年7月，国务院常务会议通过《物价管理暂行条例》。该条例第27条规定，市内公共电车和汽车票价必须执行省、自治区、直辖市物价部门或业务主管部门的规定。各地区在制定或调整地方运价时，必须同国务院、国家物价局或国务院业务主管部门规定的运价及毗邻地区的运价，保持合理比价。

1984年1月14日，城乡建设环境保护部、公安部发布《城市公共交通车船乘坐规则》[(84)城公字第 10 号],对车船乘坐行为进行了规定;1985 年 4 月 19 日,《国务院批转城乡建设环境保护部关于改革城市公共交通工作的报告的通知》(国发〔1985〕59 号)指出,"大力发展公共交通","从长远看,在一些大城市要考虑发展快速轨道交通和地下交通","多家经营、统一管理"。多家经营指以国营为主,发展集体和个体经营,在国营企业内部实行多种形式的经营承包责任制;1987 年 1 月 16 日,湖南省人民政府办公厅在《关于解决城市公共交通问题的通知》(湘政办发 3 号)中明确提出:①从政策上给予公共交通企业适当扶持,经济上给予一定的补贴,部分税费免征;②提高营运车辆折旧率;③改革票制;④推行和完善各种承包责任制;⑤适当提高岗位津贴,稳定一线职工队伍;⑥改善油料供应;⑦实行综合治理;⑧加强精神文明建设。

随着燃料和原材料价格的大幅度上涨,用工费用的不断增加,以及多种税费的缴纳,公交企业负担愈来愈重,难以维持简单的再生产。据统计,1988 年与 1978 年相比,公共汽车、电车的单位成本分别增长了 114% 和 107%。一方面,城市公共交通的票价变化很小,公共交通企业的综合效益持续滑坡,城市公共交通亏损企业数量不断增加;另一方面,由于缺乏明确的财政补贴政策和制度,各城市的亏损补贴既不一致,又不稳定,公共交通企业的资金缺口越来越大(陈适,1990)。这个时期,制度需求主要围绕着供需矛盾的解决,如通过承包责任制提高运力,通过改革票制减轻公交企业职工工作量,对城市道路进行科学规划,增加公交运行线路,并从政策上和经济上对公交企业进行扶持。但从全国看,仍缺乏统一明确的补贴政策和制度,供需矛盾没有从根本上得到重视。

2. 1991—2000 年

进入 20 世纪 90 年代后,城市人口增加迅速,"乘车难"问题更加突出。不仅如此,城市公交企业运营成本随着油价上升而增加,而收入主要来源的公交票价却没有随着油价上涨而提高,企业运营亏损严重。一方面,城市发展对公共交通产生了大量需求;另一方面,公交企业普遍亏损严重。如何解决公交企业运营亏损问题,让企业能够维持下去,成为政府关心的主要问题。1993 年 9 月 7 日,中华人民共和国住房和城乡建设部(以下称建设部)发布了《全民所有权城市公共交通企业转换经营机制实施办法》(以下简称《办法》)。《办法》规定:企业的运营成本按照国家有关规定进行核算,运价按照保本微利的原则制定,报当地政府批准后执行;因能源等价格调整、运营线路调整等因素引起成本增加时,企业有权要求政府有关部门对运价进行相应调整或采取相应补偿措施。

1994年5月23日,建设部印发了《建设部关于对城市公共汽车、电车实行专营权管理的意见》(建城〔1994〕329号),要求重点支持和优先发展公共汽车、电车,城市公共汽车、电车建立专营权制度。1995年4月18日,四川省人民政府批转省建委《关于加强城市公共客运交通管理解决国有公共交通企业有关问题报告的通知》(川府发〔1995〕72号)(以下简称《通知》)。《通知》提出多项建议,如城市维护建设资金、公用事业附加费全额返还给企业,对城市内定点定线的公共客运交通线路实行专营权管理,对国有运营商实行政策性亏损补贴,以及国有城市运营商要积极推行以单车承包为基础形式的经济责任制等。

虽然各级政府均出台了相关政策,但到20世纪末,公交企业亏损状况仍没有得到明显改善。据《中国经济时报》2000年7月24日报道,由于2000年油价上涨,合肥市公交公司预计仅汽油一项就要比1999年多增加2 100多万元的成本压力。江苏全省省辖市的16家公交公司(不含宿迁市)2000年全年因燃油提价而比1999年额外增加支出7 842.8万元,这给刚刚好转的运营商带来了极大的困难。

1.1.4 21世纪初到目前

1. 2000—2010年

进入21世纪,城镇化飞速发展,大量人口涌入城市,城市地理范围不断扩大。城市人口快速增加的同时,公共交通基础设施建设却明显滞后,公共交通供给能力不能满足居民出行的需求。在这种背景下,私人小汽车增加迅速,大中城市普遍存在交通拥堵、环境污染等问题,城市发展的可持续受到严峻挑战。与此同时,20世纪90年代采取的承包经营导致市场竞争过度和服务水平低下,城市仍旧存在公共交通需求与供给矛盾。一方面,私人小汽车保有量迅速增加;另一方面,城市居民公交出行满意度低,如何发展城市交通成为摆在决策者面前的一道难题。

与私人小汽车相比,公共交通具有更小的负外部性和更大的经济、社会和环境效益,发展公共交通就是城市发展的优胜战略。因此,相比发展私人小汽车,公共交通应该得到优先发展。2004年建设部等六部门提出《关于优先发展城市公共交通的意见》(建城〔2004〕38号),2005年6月1日,《城市公共汽电车

客运管理办法》(中华人民共和国建设部令第 138 号)开始实施,其规定:城市公
共汽电车专项规划应当纳入城市公共交通规划;在具备条件的城市道路设置城
市公共汽电车专用道、公交港湾和优先通行信号系统;建设项目应当按照规划
标准确定配套的城市公共汽电车客运服务设施用地等。2005 年 9 月,国务院
转发了《国务院办公厅转发建设部等部门关于优先发展城市公共交通意见的通
知》(国办发〔2005〕46 号),城市公共交通优先发展成为国家战略。

虽然中国的公共交通发展势头良好,但总体上还处于较低的水平,万人拥
有公交车辆距国家标准 12.5 辆还有相当大的差距。在中国的大城市中,公交
出行只占居民出行总量的 10%～25%,以公共交通为主导的城市交通系统还
远远没有形成(仇保兴,2006)。2006 年 12 月,建设部会同有关部门出台了《关
于优先发展城市公共交通若干经济政策的意见》(建城〔2006〕288 号),明确提
出城市公共交通是城市重要的基础设施,是社会公益性事业,要建立低票价的
财政补贴机制。

2. 2011 年至目前

大城市交通拥堵的深层次原因之一是城市公共交通竞争力不足,难以吸引
小汽车使用者转变出行方式。公共汽车运行速度较低、公交线网密度低、步行
距离长、换乘不方便、准点率低等因素降低了公共汽车对居民出行的吸引力。
因此,需要大力发展公共交通,提高公交吸引力(郭继孚、刘莹、余柳,2011)。
2011 年,为了贯彻落实城市公共交通优先发展战略,调控和引导交通需求,缓
解城市交通拥堵和资源环境压力,交通运输部发布了《关于开展国家公交都市
建设示范工程有关事项的通知》(交运发〔2011〕635 号),明确要优先选择城市
人口(市区常住人口最低不低于 100 万)较为密集、公共交通需求量大的大中城
市作为试点城市。公交都市创建的核心是以"公共交通引领城市发展"为战略
导向,通过实施科学的规划调控、线网优化、设施建设、信息服务等措施不断提
高公共交通系统的吸引力。

在 2012 年发布的《国务院关于城市优先发展公共交通的指导意见》中,中
国政府明确提出"加快转变城市交通发展方式,突出城市公共交通的公益属性,
将公共交通发展放在城市交通发展的首要位置";2013 年,交通运输部公布了
《公交都市考核评价指标体系》,共设置了 30 个指标,其中包括公共交通机动化
出行分担率、公共汽电车线路网比率和公共交通乘客满意度等指标。

2016 年《交通运输部办公厅关于全面推进公交都市建设等有关事项的通知》(交办运〔2016〕157 号)中将申报城市条件定为"地级市、地级行政单位(含地区、自治州和盟)政府所在地,适当兼顾城区常住人口在 50 万人以上的县级市"。截至 2017 年 4 月,包括北京、上海在内的 37 个城市开展了公交都市示范工程创建活动。公交都市是落实公交优先发展战略的重要载体,创建城市在城市规划、用地、路权、资金、财税扶持等方面制定了配套政策。但从创建城市实施效果看,城市公共交通分担率与国外城市公交相比仍存在一定的差距,城市公交系统吸引力仍需进一步提升。

1.2 公共交通优先发展的主要制度供给

伴随着制度环境的变化,中国城市公共交通经历了制度生成、演变与发展阶段,形成了公共交通优先发展的若干制度。为了更好地实施公交优先发展战略,中国政府从 2006 年开始,先后进行了若干优先发展的制度安排,如低票价政府财政补贴制度(简称补贴制度)和公交企业绩效考核制度,并进一步强调了特许经营制度。在这些制度安排中,补贴制度对公交公益性落实和政府职责进行了明确规定,特许经营制度安排对公交系统运营成本降低和效率提升具有重要影响,绩效考核制度则规范了政府对运营商的财政补贴行为。

1.2.1 财政补贴制度

1. 背景

公共交通是准公共物品,提供公共交通服务是城市政府的基本职能。为了让城市弱势群体能够融入社会,体现公平性,全球绝大部分城市政府都制定了较低的公共交通票价。20 世纪八九十年代,许多省份和城市对公交企业运营成本进行补贴,如湖南省提出"从政策上给予公共交通企业适当扶持,经济上给予一定的补贴,部分税费免征",四川省建议"对国有运营商实行政策性亏损补贴",江苏省南京市从 1986 年开始,每年定期对公交企业实行一定的亏损补贴。虽然许多省份都能够对公交企业运营进行补贴,但国家层面的补贴政策一直没有提出。直到 1993 年,建设部才在全国层面上提到运价的保本微利原则和企业具有要求补偿的权力。

2000 年中国城镇化率达到 36.22%。为了解决大量人口的居住问题,城市

规划的外延式发展理念成为主流,城市在地理上不断扩展。2003 年,中国人均
GDP 达到 10 666 元,小汽车开始进入家庭。由于城市土地规划与公共交通规
划的脱节,加上人民生活水平的提高,私人小汽车呈现爆发式增长。一方面,城
市交通拥堵和环境污染等城市问题愈发严重;另一方面,城市公交企业的运营
成本随着油价持续升高而不断增加,各地公交企业均处于运营成本增加和效益
滑坡的窘境,公交企业的生存成为问题。

2. 补贴制度的提出

虽然中国各级政府均意识到要补贴公共交通运营,但补贴多少、如何补贴、
什么时候补,以及补贴资金来源等均处于非确定状态,财政补贴并没有形成一
种制度。因此,有些城市给予企业一定的经济补贴,也有些城市让公交企业承
担大量社会义务,却不能给公交企业稳定的财政补贴,更有一些城市则是放任
公交企业通过高票价获利。"据有关部门调查,在 117 个公交企业中,没有得到
财政补贴的多达 42 家,占被调查企业的 35.9%""目前,有些公交车票价偏高,
起步就是两元,乘坐一次少则四五元多则上十元,超出了普通市民的承受能
力"。[1]

为了促成城市公共交通优先发展战略的有效实施和规范城市政府财政补
贴行为,2006 年 12 月,建设部等四部委联合发布《关于优先发展城市公共交通
若干经济政策的意见》(城建〔2006〕288 号),正式提出了公共交通低票价财政
补贴制度。补贴制度明确了公共交通的公益属性,并在票价制定、政府责任等
方面进行了明确规定,如"充分考虑城市公共交通企业经营成本和居民承受能
力,科学核定城市公共交通票价""城市人民政府应建立规范的成本费用评价制
度,对公交企业的政策性亏损给予补贴",等等。

1.2.2　特许经营制度

1. 背景

从中国人民共和国成立到 20 世纪 80 年代初期,中国城市公共交通经营者
均为国有公交企业,企业车辆少、车况差,不能满足城镇化发展的需求,公众出
行困难。同时,由于燃料和各种生产材料价格上涨明显,许多城市公交企业处
于亏损状态。由于企业运营亏损,许多城市企业不同程度地存在职工违纪难处

---

[1] 人民网.权威解读:城市公交定位社会公益事业 继续低价[EB/OL].(2006-12-18)[2018-12-20].
http://society.people.com.cn/GB/1063/5182060.html.

理、违反规定难处罚的情况，直接影响了线路运营服务质量。1985 年中国政府提出以国营为主，发展集体和个体经营，在国营企业内部实行多种形式的经营承包责任制，其中比较典型的是"车队—分公司—公司三级承包责任制"，即车队向分公司承包，分公司向总公司承包，总公司向政府承包。虽然职工经济收入得到了提高，但企业亏损面和亏损程度还在加大、加强，服务水平难以从机制和设施上得到提高（乔军山，1996）。

建立经营承包责任制的目的，是解决好政府与公交企业的经济关系和调动企业职工积极性，在政府财力有限的情况下，更好地服务于社会公众。但经营承包责任制的实施增加了政府主管部门对公交管理的复杂度，服务水平难以监控。某些城市市场出现过度竞争情况，更有城市出现了社会兴办专线挤压市场，对国有公交线路造成极大冲击，引发众多群体事件，市场混乱。

2. 特许经营制度的提出

鉴于公共交通市场竞争的无序和混乱，规范市场行为成为制度设计的重要内容。进入 20 世纪 90 年代，公共交通经营从"承包责任制"向"专营权制度"过渡。1994 年建设部提出建立城市公共汽车、电车专营权制度，为今后在城市公共交通市场机制比较完善时，形成公共汽车、电车企业发展的激励机制和竞争机制提供了制度基础。20 世纪 70—90 年代，一些国家和地区逐步开放公共交通市场，引入竞争机制，公共交通服务质量和经营效率得到提高。

在城市公用事业中，怎样既保持单一企业生产的成本效率优化又避免企业的垄断行为，构成了政府监管部门的两难选择，特许经营理论对这一两难选择问题从理论上提供了解决的思路和途径（王俊豪、陈无风，2014）。特许经营制度在西方发达国家实行由来已久，在铁路、城市供水照明、交通、高速公路、供电、垃圾处理等领域都采取特许经营制度。2002 年建设部明确提出"加快推进市政公用行业市场化进程，引入竞争机制，建立政府特许经营制度"。2003 年湖北省十堰市全面放开城区公共交通营运权，设立民营公共交通有限公司，成为"公交民营化"第一城市。

2005 年《国务院办公厅转发建设部等部门关于优先发展城市公共交通意见的通知》中，明确提出要推行特许经营制度，有序开放公共交通市场，实行特许经营制度，形成国有主导、多方参与、规模经营、有序竞争的格局。从"专营权制度"到"特许经营制度"的变迁，标志着城市公共交通市场进入了一个新的时代。2008 年国务院发布了 2005 年成文的《国务院关于鼓励支持和引导个体私营等非公有制经济发展的若干意见》(国发〔2005〕3 号),明确允许非公有资本积极参与公共交通市政公用事业和基础设施领域的投资、建设与运营,在规范转让行为的前提下,具备条件的公用事业和基础设施项目,可向非公有制企业转让产权或经营权。但遗憾的是,2008 年湖北十堰市政府收回公交特许经营权,"公交民营化改革"失败。

1.2.3　绩效考核制度

1. 背景

绩效中的"绩"指的是产出、成绩或业绩,"效"指的是效率、效益或效果,绩效是指组织或个人为了达到既定目标而做出的工作结果或工作行为。公共交通中最常用的绩效指标是城市公共交通分担率和居民乘车满意度,这两个指标能够客观地反映城市公共交通优先发展情况。实际上,自 2004 年公交优先发展战略实施以来,公交绩效水平一直不高,主要表现在城市公交分担率较低,交通拥堵问题依然存在,政府财政负担较重。由于各地政府基本上都落实了公共交通公益性,采用了较低的公交票价,城市居民在票价方面满意度较高,但对公交企业服务水平的满意度仍较低,这直接影响了城市公共交通分担率的提升。

中国政府历来重视公交企业提供的产品与服务对城市发展的重要作用。1994 年印发的《建设部关于对城市公共汽车、电车实行专营权管理的意见》,就明确将"经营企业提供的服务水平的具体规定"作为与取得专营权企业签订合同的内容之一;2002 年印发的《关于加快市政公用行业市场化进程的意见》(建城〔2002〕272 号)和 2004 年发布的《市政公用事业特许经营管理办法》(建设部令第 126 号)中,均提出在特许经营合同中应该包括"产品和服务标准",市政公用行业主管部门应对"产品和服务标准"进行监督。

虽然服务水平对公交吸引力提升的重要性得到了广泛关注,但是,从国家层面上看,一直没有明确提出建立公交企业绩效考核制度。2005 年发布的《国务院办公厅转发建设部等部门关于优先发展城市公共交通意见的通知》中,只提出"对公共交通企业的成本和费用进行年度审计与评价"和"提高公共交通工具的利用率",并没有明确提出建立公共交通企业的绩效考核制度。同样,在2006 年公布的《关于优先发展城市公共交通若干经济政策的意见》中,也没有提到绩效考核制度。随着城镇化的快速发展,公共交通行业被赋予了更多职能。除了为城市居民提供安全、方便、迅速、准点、舒适的服务外,公共交通还具有缓解城市交通拥堵、改善居住环境、降低能源消耗以及创造就业机会等职能。因此,城市政府积极加大公共交通投资建设力度,在新能源汽车购置、公交线路开辟,以及公交场站建设等方面投入大量资金。不仅如此,城市政府还需每年投入财政资金补贴公交企业运营。如何提高政府财政资金使用效率,保证政府财政投入与运营者的产出之间维持在合理水平之上,政府对公交企业进行绩效考核非常必要。

2. 绩效考核制度的提出

随着公共管理改革的推进,预算与绩效逐渐连接在一起,绩效管理与财政管理系统产生了密切联系,即绩效预算。在通过预算分配经费以执行某些特殊任务时,政府需要为任务的预期成果设置条件。如果实现了预期成果,管理者就必须兑现承诺(休斯,2015)。2011年发布的《关于开展国家公交都市建设示范工程有关事项的通知》,提出了"国家'公交都市'建设示范工程的考核目标";2012年《国务院关于城市优先发展公共交通的指导意见》,正式提出"建立绩效评价制度",规定"对公共交通企业服务质量和运营安全进行定期评价,结果作为衡量公交企业运营绩效、发放政府补贴的重要依据";在2017年5月实施的《城市公共汽车和电车客运管理规定》中,明确提出"城市公共交通主管部门应当建立运营企业服务质量评价制度,定期对运营企业的服务质量进行评价并向社会公布,评价结果作为衡量运营企业运营绩效、发放政府补贴和线路运营权管理等的依据"。

通过绩效指标的设定和测量,评估公交企业是否完成了任务。对公交企业绩效考核通常需要四个步骤,即确定绩效标准、衡量实际业绩、进行差异分析和采取纠正措施。确定绩效标准可以参考国外一些公交都市的服务标准,也可根据国家发展需要制定绩效标准;对公交绩效进行衡量,需要建立科学的评价指标体系。2013年发布的《公交都市考核评价指标体系》中,设置了30个考核指标,能够比较全面和科学地对城市和公交企业绩效进行考核。在30个指标中,"公共交通优先发展配套政策制定情况"作为对城市政府的考核指标。管理者对公交企业实际业绩进行衡量,除了量化指标考核外,还需通过个人观察、谈话、电话和市民投诉等形式进行补充考核;通过对绩效指标进行测量,确定实际工作绩效与标准之间的偏差。在某些活动中,偏差是难免的,因此确定可接受的偏差范围非常重要。但如果偏差显著超出可接受范围,就应该引起管理者的重视,管理者则提出改进偏差建议,或者降低绩效标准。

1.3　本章小结

中国社会经济经历了不同的发展阶段,无论是从经济发展落后阶段到高速发展阶段,还是从农村人口众多到城镇化高速发展阶段,每个阶段都对城市公共交通制度产生了需求。从交通规则制定到城市交通规划编制,从承包责任制到专营权制度,再到特许经营制度,从低票价政府财政补贴制度到绩效评价制度,每一次制度安排都体现了城市社会经济发展对公共交通发展的需求。

城市公共交通是维持城市运转的基础,发展公共交通是对城市社会经济发展的重要支撑。鉴于城镇化发展导致的公共交通供需矛盾问题,中国政府于2004 年提出城市公共交通优先发展战略,并先后进行了若干支撑公交优先发展的制度设计。在公交优先发展制度中,低票价政府财政补贴制度和特许经营制度对城市公共交通优先发展的可持续起到了决定性作用。政府应重点关注低票价财政补贴制度和特许经营制度实施效率,以及这些制度实施对公交优先发展可持续的影响和作用机理。

第 2 章　补贴制度演化与绩效表现

2.1　补贴制度演化

补贴制度从 2006 年提出以来,在实施过程中存在的一些问题影响了制度效率的发挥。中国政府分别于 2012 年和 2017 年对补贴制度进行了调整,调整内容充分考虑了政府、运营商和公众的需求,如从低票价到多层次票价、从只强调公交公益性到对公共财政能力的考虑,以及从只强调成本与费用审计到绩效考核。补贴制度的演化表明政府对公交优先发展可持续的关注,也标志着补贴制度在演化过程中的政府理念更新。

2.1.1　公交系统中的交易关系

1. 交易关系的形成

在城市公共交通系统中,人民政府是公共交通优先发展的责任主体,负责公共交通票价的制定和由于低票价、减免票、承担政府指令性任务等形成的政策性亏损对运营商进行补贴补偿,同时监督运营商运营;运营商是政府完成公交任务的执行者和服务提供者,主要职责是在政府设定的公交线路上安全优质地将乘客送达目的地;公众是公共交通服务的对象和使用者,具有是否选择公共交通出行的权利。政府通过基础设施建设和制定票价与公众交换公共交通使用权,政府通过资金补贴与运营商交换服务,运营商通过提供服务交换公众出行,三者之间存在"交易"关系(见图 2-1 所示)。

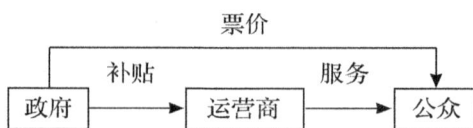

图 2-1　公共交通系统中的交易关系

城市公共交通系统运营过程中,如果政府制定的公交票价不合理,运营商提供的服务水平低,公众就可能不选择公共交通出行,而政府不能强迫公众乘坐公共交通。此外,政府还必须了解运营商的运营成本和服务水平,以便对运营商进行补贴和监督。中国公交企业收益权受到政府限制,为了维持企业运营,政府通过财政资金补贴部分公交企业的运营成本,这本质上是政府用"钱"来交换运营商提供的"服务"。

2. 交易关系的复杂性

公共交通系统中政府、运营商和公众之间的交易关系具有复杂性特点,主要表现在三个方面:

(1)票价制定的基础目标有吸引最大数量的乘客、公交运营商收入最大化,以及一定区域的可达性(维奇克,2012)。很明显,这些目标之间存在冲突,低票价能够吸引最大数量的乘客,但会减少公交运营商收入,而运营商在很大程度上依赖票款收入维持财务可行性。因此,政府必须在决策方面进行综合考量,通过公交分担率和网络效率最大化解决票价与收益之间的矛盾(Verbich and Ei-Geneidy,2017);

(2)补贴额度能否准确反映运营商的运营成本,同时又能调动运营商降低成本的主动性。但补贴资金额度计算的基础是对运营商运营成本的核算。由于信息不对称,经常出现政府与运营商测算结果不一致情况,需要多次沟通协调。政府需要获得准确的运营商运营成本信息,才能做出合理的补贴补偿决策;

(3)由于运营商直接与乘客接触,政府在对运营商运营过程进行监控和对运营商服务水平进行评价等方面均需要投入资源,以便更好地监督运营商行为。不仅如此,如何使运营商愿意提供更好的服务水平吸引公众选择公共交通出行,也是政府需要考虑和决策的重要问题。

2.1.2　补贴制度内涵的转变

2006 年生成的补贴制度可以说是中国政府对规模经济和社会公平的追求,并没有考虑公共财政能力。随着制度实施表现出的低效率,政府感受到财政压力,并及时进行了调整。对照 2006 年的补贴制度,2012 年和 2017 年出台的补贴制度保持了制度的连续性和稳定性,只是进行了适当的调整(见表 2-1 所示)。制度调整比较全面、客观地反映了城市公共交通优先发展面临的挑战,即低票价使政府财政负担过重,而同时公共交通分担率与政府财政支出不成正比的矛盾。

表 2－1　补贴制度的演变

年份	票价制定原则	票价制定考虑的因素	相关制度	来源
2006	兼顾城市公共交通企业的经济效益和社会效益	企业经营成本 居民承受能力	成本费用评价制度、政策性亏损评估和补贴制度	《关于优先发展城市公共交通若干经济政策的意见》（建城〔2006〕288 号）
2012	—	社会承受能力 企业运营成本 交通供求状况	绩效评价制度、补贴补偿制度 多层次、差别化的价格体系 职工工资收入正常增长机制	《国务院关于城市优先发展公共交通的指导意见》（国发〔2012〕64号）
2017	成本票价 鼓励社会公众优先选择城市公共交通出行	社会公众承受能力 公共财政能力 企业可持续发展 出行距离	运营成本核算制度、公交成本费用监审制度、补偿补贴制度、服务质量评价制度、票价动态调节机制	《城市公共汽车和电车客运管理规定》（交通运输部令 2017 年第 5号）

1. 2006 年版

2006 年版的补贴制度有三层含义：首先，补贴制度是为了实现城市公共交通优先发展战略而设计的制度，目标非常明确；其次，对票价制定的条件和行为进行了规范，如"充分考虑城市公共交通企业经营成本和居民承受能力，科学核定城市公共交通票价"和票价听证制度；最后，对政府采取补贴制度的责任进行了明确规定，城市人民政府应建立规范的成本费用评价制度，对公交企业的政策性亏损给予补贴。

2. 2012 年版

2012 年版的补贴制度与 2006 年版的补贴制度相比,有两个重要的转变。一方面是在票价核定条件方面,从"充分考虑城市公共交通企业经营成本和居民承受能力"转为"综合考虑社会承受能力、企业运营成本和交通供求状况",而且允许"建立多层次、差别化的价格体系";另一方面,2006 年版只提出规范"成本费用评价制度",没有提到公交绩效评价。但在 2012 年版中提出对公交企业绩效进行评价,评价结果作为"发放政府补贴的重要依据"。

3. 2017 年版

2017 年版的补贴制度提出"依据成本票价,并按照鼓励社会公众优先选择城市公共交通出行的原则,统筹考虑社会公众承受能力、政府财政状况和出行距离等因素,确定票制票价",而且提出了"定期对运营企业的服务质量进行评价并向社会公布,评价结果作为衡量运营企业运营绩效、发放政府补贴和线路运营权管理等的依据"。这个版本不仅考虑了政府财政状况,而且强调对服务质量进行评价。

2006 年提出的兼顾城市公共交通企业的经济效益和社会效益的低票价制定原则,对运营商和公众有益;2012 年提出的多层次、差别化的价格体系有利于对运营商和政府双方的财政处境进行改善,绩效评价制度的安排也有助于政府对运营商进行监管,提高资金使用效率;同样,2017 年将政府财政状况和出行距离纳入考虑的因素范围内,而且强调服务质量评价和运营成本核算制度,这种制度安排明显地改善了政府财政处境,有利于城市公共交通优先发展的可持续和社会公平。

2.1.3　制度演化的诱因分析

从补贴制度发展过程看,每一次制度调整都综合考虑了政府、运营商和公众的需求,调整的结果使组成公交系统的三方处境都得到了改善。2017 年对政府财政状况进行了考虑,其主要诱因是政府对规模效益、政府成本控制和财政资金使用效率等的追求。

1. 规模效益

Mohring(1972)指出如果公交服务频率随着需求而增加,就能减少乘客的等待时间,平均用户成本下降,意味着规模收益递增。中国政府 2006 年对补贴制度进行安排时,期望"实行低票价政策,以最大限度吸引客流,提高城市公共交通工具的利用效率"。然而,补贴制度实行以来,公共交通分担率始终处于较低水平,与国外发达国家城市相比差距较大,莫尔效应始终没能显现,政府难以实现财政预算约束下的运输成本最小化。规模效益的实现,意味着行业效率的提升和政府财政支出的下降。从中国补贴制度演化过程看,对规模效益的追求,即提高公共交通分担率,始终是制度演化的主要诱因。为了实现规模经济,从交易费用中获益,无论是自愿的还是政府安排的都将要被创新(戴维斯、诺斯,1971),城市公交国有垄断产权形式就是政府为实现规模化而特意安排。

2. 政府成本控制

补贴制度实施增加了政府成本,其中最显著的成本增加就是对运营商的财政补贴。图2-2是深圳市2008—2012年财政补贴运营商情况,从图2-2中可以看出政府财政支出逐年上升。政府优惠票价政策的实施,使政府财政支出加大,而且还存在政府与运营商在补偿方面的分配公平问题(Rye et al.,2008)。政府补贴预算的增加,可能导致公交企业在固定水平产出下,营运成本随之上升。因此,财政补贴对企业的产出与成本结构的影响效果和程度,将是一个值得深入探讨的问题(章玉等,2016)。鉴于政府与运营商之间存在信息不对称问题,2017年补贴制度提出:制定城市公交企业运营成本核算规范,建立城市公交成本票价制度,并建立公交成本费用监审制度,为财政补贴补偿提供必要依据。

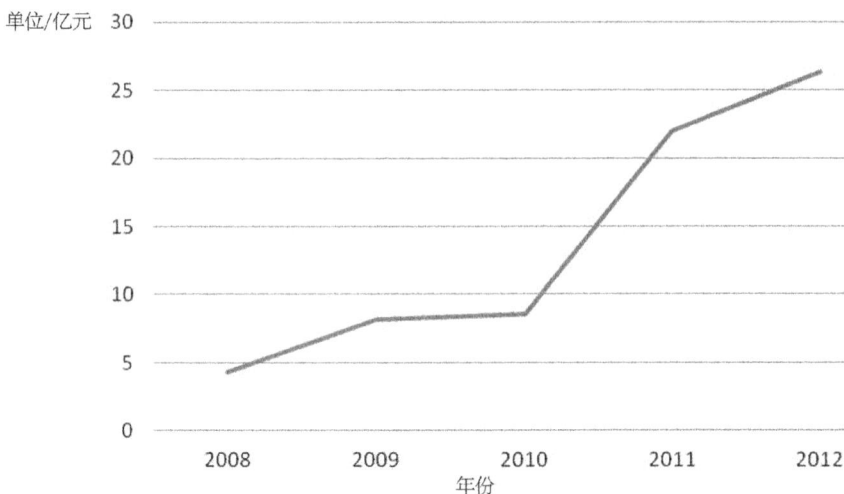

图 2-2 深圳市公共交通财政成本规制补贴情况

3. 财政资金使用效率

随着城镇化发展和公交都市建设的推进,政府财政资金成为公交可持续优先发展的重要来源和发展保证。从整体上看,目前城市政府对运营商补贴都是以核算的运营成本为依据的。然而,许多城市还没有实行将政府财政补贴资金与运营商服务水平挂钩的奖惩机制,大多数城市的运营商都没有服务水平承诺。而且,许多城市政府与公交企业关系比较模糊,政府财政投入扶持效果不明显。在这种情况下,中国政府在 2012 年和 2017 年的补贴制度安排时,均明确提出了绩效评价制度,强调对运营商的服务质量进行监督,而且绩效评价结果作为发放财政补贴补偿的重要依据。

在对运营商绩效进行监督的同时,也需要对政府的补贴资金进行绩效评价和管理。财政支出的绩效应当体现在四个方面:财政支出预算安排的合理性、财政资金支出过程合规性、财政资金使用的效率性,以及财政支出结果的效益性。为了提高财政资金的使用效率,应该建立财政支出绩效管理制度(赵学群,2010)。

2.2　补贴制度实施

自 2006 年实行补贴制度以来,中国政府分别于 2012 年和 2017 年对制度进行调整,设立了成本费用评价、绩效评价、运营成本核算和公交成本费用监审等制度,对补贴制度实施起到了积极推动作用。低票价财政补贴制度是中国公共交通改革的一次尝试,然而,改革的结果却使城市财政支出逐年增加。长期以来实行的公交低票价政策,对大多数中低收入者有利,对公交的发展和提高不利,低票价政策导致的巨额财政补贴给市政当局造成很大的压力(张奎福,2013)。

2.2.1　实施目标

政府发展公共交通的根本目的是实现社会福利最大化和社会公平,让城市居民具有社会"融入感"。社会融入需要合适的制度安排以满足弱势群体的出行需求,低票价政府财政补贴制度是全球城市普遍采取的一种公共交通发展制度。

1. 公交政策目标

大多数国家政府都积极提供公共交通服务，保障城市居民的出行需求。然而，公共交通能否实现环境保护和社会公平，需要政府规划目标，制定一系列可选择的行动方案，即制定政策。英国将公共交通政策分为三大类，即实体政策、软政策和知识政策。实体政策主要包括与基础设施相关的政策，软政策主要指与能够使出行者选择行为改变的无形政策，知识政策主要强调对投资和未来机动性的可持续模型研究的重要作用（Santos et al.，2010）。

公共交通政策的制定一定是基于要达成的目标。通常情况下，公共交通政策目标分为战略、战术和运营三个层次：战略目标与政府经济发展目标相符，通过城市运输成本最小化实现社会福利最大化；战术目标是实现战略目标的路径，即通过人口集聚使公交出行分担率最大化，从而实现城市运输成本最小化；运输供给层面或运营层面，实现财政预算约束下的客运量最大化（Gwilliam，2008）。由于公交票价与乘客数量成反比，因此，低票价成为公共交通实现客运量最大化目标的实施路径，低票价政策成为城市发展公共交通的基本政策。

2. 补贴制度实施目标

低票价政策的实施需要政府财政资金的持续供给，因此，补贴制度实施的目标就是保障低票价政策的可持续，维持公交公益性。2004 年低票价政策出台时，设定的目标是"以最大限度吸引客流，提高城市公共交通工具的利用效率"，也就是公交运营层面的目标，即实现财政预算约束下的客运量最大化。

实现财政预算约束下的客运量最大化，可通过三种途径获得：①鼓励出行者从私人轿车出行转向公共交通；②创造新的出行方式，提供给人们更多参与活动的机会；③通过允许出行者选择更好的路线，增加出行选择（Sharaby et al.，2012）。然而，即使实行了低票价政策和补贴制度，城市公共交通分担率依然与政府期望有很大差距。

2.2.2   财政补贴现状问题

中国众多大中城市政府对公共交通运营的财政补贴资金均来源于财政收入，补贴资金占财政支出的比例各地差异较大，一般占 0.2%～2% 比较普遍。政府对公共交通企业财政补贴通常包含三个方面，即票价刷卡补贴、运营成本补贴和燃油补贴。此外，许多城市也会在车辆更新和冷线建设方面给予一定或全额补贴。

特殊人群享受免费乘车和学生优惠乘车等政策体现了公共交通的公益性，这部分公益性票价损失补偿是政府应该承担的义务。不同城市票价损失补偿额度不同，大致在票价损失额的 90%～100%，许多城市政府没有实现票价损失额的全额补偿。按照国家相关政策，燃油补贴基本上都能补贴到公交企业；对运营成本补贴，多数城市采用项目补贴和成本规制两种补贴方式。虽然这两种方式较好地规范了政府公交财政补贴行为，但是在实际应用中仍存在诸多问题。

1. 补贴规则粗放

财政补贴公交企业运营是政府应该承担的义务，但实践中一直没有形成一个各地城市政府可参考或需要遵守的规则。运营商运营成本核算是政府财政补贴拨款的基础，然而成本费用审计与评价目前还没有形成规范的、合理的评价制度；有些城市政府对运营商补贴额度随意调整，政府财政收入多就多补一点，收入少就少补一点，甚至不补。此外，有些城市拖欠补贴资金，运营商需通过银行借贷，才能给员工发放工资。国内大部分城市尚未形成科学规范的公交补贴评价制度，通常由公交企业与政府部门讨价还价确定补贴额；或是采取补贴基数包干、几年不变的简单化、粗放式补贴管理方法。现行公交补贴机制缺乏激励和约束作用，公交企业往往将主要精力放在争取更多的补贴上，而不注重提升服务水平和质量（孔志峰，2010）。

2. 公益性亏损与政策性亏损界定困难

公共交通经营具有公益性和市场性双重特性。公共交通公益性本质的回归，要求地方政府必须补贴公交经营者的公益性亏损或政策性亏损，因此，界定经营者的公益性亏损与经营性亏损就变得非常重要。但从城市公共交通管理现状看，公共交通系统中哪些是公益性支出，哪些是经营性支出，很难设立一个科学的、合理的界定标准。因此，有些城市通过采用项目补贴制度（如车辆更新、燃油、燃气补贴等）对经营者进行补贴，实际运作中往往存在政府与经营者补贴标准认定不一致，增加政府额外管理成本等问题。

3. 成本核算存在争议

虽然许多城市采用了成本规制，明确了对公交企业成本的核算范围，但由于政府不能完全掌握运营商的运营信息，政府与运营商之间的交易过程就会变得复杂多变，增加了两者交易成本。不仅如此，由于成本核算的不准确，也会导致有的运营商补贴多,有的补贴少,出现补贴不公平现象。补贴不公平现象的存在,不仅影响运营商改善服务水平的积极性,也会影响政府声誉,进而影响公交优先发展的可持续。成本信息不对称是预算松弛问题产生的客观基础,对财政资金的使用效率产生直接影响。公交行业透明的成本信息有助于监管政府补贴资金的合理使用,提升财政资金的使用绩效和解决预算松弛问题(陆志娟,2019)。

4. 激励机制缺失

在对运营商进行补贴时,有些城市采用政府财政"兜底儿"模式,即公交企业全部运营成本由政府补贴,不仅如此,车辆更新也全部归政府买单。这种补贴模式是政府与公交企业签订的最没有激励效果的合约。这种合约模式下,运营企业没有主动控制运营成本和提高运营效率的动力,企业运营成本高。从经济学理论角度讲,政府财政"兜底儿"模式违背了公共交通准公共物品属性原则,即运营企业也要负担部分运营成本。随着城市公交建设步伐的加快,政府财政不堪重负。从中央到地方,各级政府都对成品油价格调整带来的公交运营成本增加进行补贴。当成品油价格超过一定标准,政府按照燃油使用量给予一定金额的财政补贴。虽然这种方法操作简便,也受到公交企业的欢迎,但从现状看,燃油补贴存在不利于鼓励公交企业节能降耗、主动控制运营成本的问题。

2.3 绩效表现

实现政府财政预算约束下的运输成本最小化或公交分担率最大化目标,是公交低票价政策制定的主要目的。然而,城市居民个体差异性很大,对出行的偏好也不尽相同,即使采用低票价政策,实现政府公交发展目标也是具有难度的。新制度经济学家们认为由于交易成本的客观存在,就需要规范和约束人们之间的行为关系,即建立制度,以减少交易过程中的不确定性。实际上,无论对政府、运营商还是公众来说,由于信息不对称,均不能形成对交易对象行为的预期,直接后果是影响长期的公交绩效水平。

2.3.1　绩效评价方法

1. 评价指标选择

补贴制度设计的目的是实现城市公共交通低票价政策的可持续,而衡量补贴制度是否达到了预期目标,就是制度绩效问题。一项制度的绩效如何,不仅取决于制度本身的内容,而且取决于制度是否得到了贯彻实施(张明军等,2013)。2011 年,为了更好地实施城市公共交通优先发展战略,中国政府提出建立"公交都市"作为城市公共交通优先发展的载体,将城市公共交通出行分担率年均提升 2 个百分点作为必须完成的考核指标[①];2016 年中国政府不仅提出了公众出行满意和行业发展可持续目标,同时明确提出了运营层面的具体政策目标,如城市常住人口 500 万以上城市的公共交通出行分担率达到 40% 以上,100 万人口以上城市公交分担率达到 30% 以上,100 万人口以下城市公交分担率达到 20% 以上[②]。城市公共交通出行分担率是评价补贴制度实施效率的最重要目标。

城市居民对公交出行的满意程度直接反映了政府财政支出的效果,能够用来评价补贴制度的实施情况。城市居民出行满意度是指城市公共交通系统为居民出行所提供的服务水平达到居民满意的程度,主要评价指标包括公交出行的方便性、安全性、准时性、快捷性、经济性和舒适性六个指标。方便性主要指居民乘车的方便程度,如离家近、等待时间短和换乘次数少等;安全性是指市民生命和财产能够得到保障,如安全检查、驾驶员操作规范、安全设施完备和应急预案预设等;准时性是指居民能够按照公交线路的排程计划出行,减少等待时间;快捷性是乘客坐上公交车后,能够在一个相对快的时间内到达目的地,这与道路拥堵程度和车辆行驶速度相关;舒适性是指乘车环境的舒适程度,如车厢干净整洁、温度适宜、司乘人员服务态度好,以及拥挤度低等;经济性主要指出行成本(主要指票价)相对于私家车、出租车和网约车等具有的优势。

除了城市公共交通出行分担率和城市居民出行满意度外,公交票价是否公平也反映了补贴制度实施的效果。公交票价公平是相对居民收入而言的。居民为公交出行付出的票款费用相对于居民收入不能太高,但同时也不能太低。

---

① 参见交通运输部《关于开展国家公交都市建设示范工程有关事项的通知(交运发〔2011〕635 号)》,2011 年 11 月。
② 参见交通运输部《城市公共交通"十三五"发展纲要》,2016 年 7 月。

现阶段我们的公交支出应占居民可支配收入的 4%～5%(黄凤娟,2018)。因此,本研究在对补贴制度绩效分析过程中,将城市公共交通出行分担率、城市居民出行满意度和票价公平性等指标作为制度绩效评价指标。实际上,如果城市公共交通分担率高,就说明公众出行满意度高和行业发展具有可持续性。

2. 评价方法

制度分析主要是以制度安排与变迁为主线,通过对特定制度环境下的制度绩效进行评价,判定现存制度优劣,从而进行制度创新,安排新的制度。由于公共交通系统运营存在不确定性与复杂性特点,补贴制度是否对公交绩效产生积极影响,是否具有效率,这是目前政府和专家学者关注的焦点问题。如果补贴制度效率低,必然导致政府财政支出高,进而影响城市公共交通优先发展的可持续。

由于制度既可能发挥积极的正面效应,也可能发挥消极的负面效应,而且一项制度既会发挥正效应也会产生负效应,制度绩效的总效应则是正效应和负效应合力作用的结果(张明军等,2013)。本研究通过对比 2006 年以前、2006—2010 年和 2011—2015 年三个时间段的城市公共交通出行分担率、出行满意度和票价公平性等三个指标的实际情况,综合评价补贴制度的绩效情况。具体方法为:①根据评价指标与目标值的差距确定为正效应或负效应。当评价指标超过或等于目标值时记为正效应"＋",否则为负效应"－";②当三个指标均为正效应,就认为制度绩效高;当三个指标中有两个指标为正效应,就认为制度绩效较高;当只有一个指标为正效应,则认定为制度绩效低;当没有指标为正效应时,定义制度为无效率。如果制度绩效高(或较高),制度将处于一种稳定状态,无须进行制度变迁。

2.3.2　数据获取

图 2-3 描述了 2004—2016 年公共交通客运量与城镇化率的发展趋势,其中城镇化率一直呈现上升趋势,而公交客运量总体上虽然也呈上升趋势,但在2008—2010 年呈现下降趋势,2014—2016 年也表现出下降趋势。客运量减少意味着城市公交分担率的降低,为什么在 2008—2010 年和 2014—2016 年会出现客运量减少现象呢?本研究以 2006 年以前的公交绩效为基础绩效,重点分析 2006—2010 年("十一五"期间)和 2011—2015 年("十二五"期间)这两个阶段的制度绩效情况。

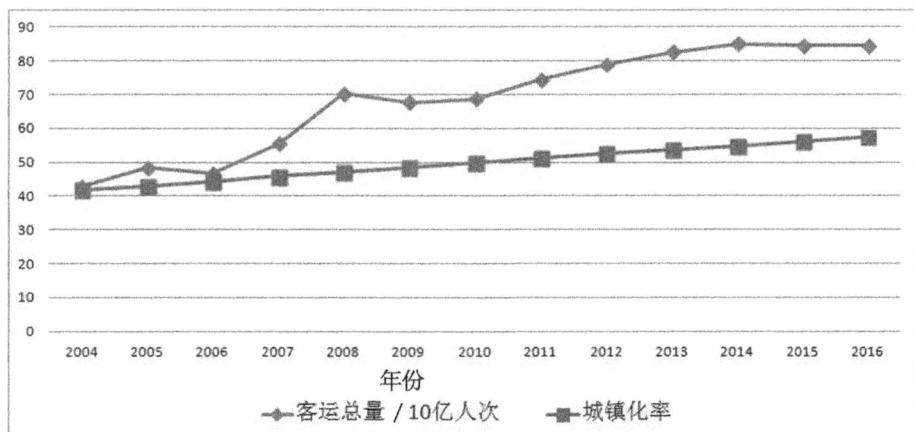

图 2 - 3　公共交通客运量与城镇化率的发展趋势比较

（数据来源：《中国统计年鉴》）

1. 2006 年以前

2006 年 12 月建设部副部长仇保兴在全国优先发展城市公共交通工作会议上指出，目前我国公交出行的分担率平均不足 10%，特大城市也仅有 20% 左右，是欧洲、日本、南美等国大城市 40%～60% 的出行比例的 1/3～1/2。与 10年前相比，公交出行时间平均延长 10 分钟，居民对城市公共交通服务的不满意率高达 70%。2006 年 12 月 18 日的《人民日报》报道，公交车票价偏高，超出了普通市民的承受能力。由此可见，2006 年以前，中国整体公交绩效水平较低，如公交分担率平均只有不足 10%，乘客不满意率高达 70%，而且公交票价的社会公平性差。

2. 2006—2010 年

国家第十一个五年计划实施期间，中国大城市公共交通出行分担率平均约为 20%，中小城市公交分担率平均不到 10%，与欧洲、日本等国大城市 40%～70% 的公共交通出行比例相比还有很大差距。大中城市对公交企业新建公交设施的财政补贴率一般不足 10%，公交服务质量与不断增长的出行需求还有较大差距[①]。虽然，2006 年中央政府明确强调公共交通实行低票价补贴补偿制度，然而"十一五"期间制度绩效仍维持较低水平。

---

① 城市公共交通"十二五"发展规划纲要（征求意见稿），交通运输部道路运输司，2010 年。

3. 2011—2015 年

"十二五"期间（2011—2015 年），公共交通在缓解城市交通拥堵等"城市病"方面的重要作用没有充分发挥，全国多数城市公交机动化出行分担率不足40%，与国外同类城市相比差距较大，而且"等车时间长、行车速度慢、乘车环境差、换乘不方便"等问题仍然较为突出，也存在"公交企业经营比较困难，改善服务能力不足"等问题①。2015 年《公共服务蓝皮书》发布，中国社会科学院对中国 38 个主要城市的公共交通满意度进行了测评，测评结果是 38 城公共交通服务满意度均值未过 60 分，而且"有 54.33%的调查对象认为交通非常拥堵和比较拥堵"②。

2.3.3　绩效分析

对上述公开发表的具有权威的数据资料进行分析，从时间轴看，2006 年全国平均公共交通分担率为 10%，到"十一五"期末为 15%，到"十二五"期末为20%，出行满意度也呈上升趋势。

1. 2006—2010 年

2006—2010 年公交分担率"与欧洲、日本等国大城市 40%～70%的公共交通出行比例相比还有很大差距"，说明绩效较差，制度表现出负效应，用"一"表示；"公交服务质量与不断增长的出行需求还有较大差距"，说明公众满意度低，同样用"一"表示制度绩效情况。但由于低票价政策的实施，公众在票价方面具有公平感，因此，此项记为"＋"。

2. 2011—2015 年

2011—2015 年公交分担率"与国外同类城市相比差距较大"，表示该指标绩效仍较低，记为"一"；"38 城公共交通满意度均值未过 60 分"和"等车时间长、行车速度慢、乘车环境差、换乘不方便"均表示满意度低，记为"一"。同理，低票价政策实施使公众在票价方面具有公平感，此项记为"＋"。

按照前述制度绩效评价方法，只有一个指标为正效应，表明制度绩效低，绩效水平总结如表 2 - 2 所示。2006—2010 年和 2011—2015 年的制度绩效低，需要对制度进行调整，这个研究结论同时解释了中国政府为什么在 2012 年和

---

① 参见交通运输部《城市公共交通"十三五"发展纲要》，2016 年 7 月。
② 2015 年《公共服务蓝皮书》发布 http://www.cssn.cn/dybg/gqdy_gqcj/201512/t20151229_2804574.shtml。

2017 年对低票价制度进行了调整。

表 2 - 2　制度绩效评价

考核类别	2006 年以前	2006—2010 年	2011—2015 年
公交分担率	10%	15%（—）	20%（—）
出行满意度	低	低（—）	低（—）
票价公平性	低	高（＋）	高（＋）
制度绩效	—	低	低

2.4　本章小结

对补贴制度的演化过程进行了系统梳理，认为 2006 年、2012 年和 2017 年是补贴制度发展的三个重要时间节点。进一步研究发现每一次补贴制度调整都伴随着政府对交易成本降低的要求，规模效益、政府成本控制和财政资金使用效率等是制度演化的主要诱因。对 2006 年以前、2006—2010 年和 2011—2015 年三个时间段的公共交通分担率、出行满意度和票价公平性等制度绩效指标进行分析，分析结果表明：补贴制度并没有取得很好的绩效，制度需要变迁。对制度绩效评价低的原因主要是公共交通分担率和出行满意度两项指标都没有达到政府满意的目标值，这需要进一步思考。2006 年正式实行的补贴制度，到目前仍存在诸多实施问题，如补贴规则粗放、公益性亏损与政策性亏损界定困难、成本核算存在争议和激励机制缺乏等，这些问题直接导致公交出行分担率低。

公共交通出行分担率低说明当前公共交通系统吸引力不足，这与政府 2006 年设计的补贴制度实施目标有很大的差距。公交吸引力不足通常有三方面原因：①服务质量（如准时、可达性）和能力（如大容量快捷的交通方式）不能满足公众需求，可依赖性差；②人们的价值信念、文化传统和职业等也会导致许多人选择私人小轿车出行；③公交票价本身没有吸引力。因此，政府在进行财政补贴时，不仅需要考虑规模效益、政府成本控制和财政资金使用效率，还需考虑服务质量和能力、票价和公交文化建设等问题。

第3章 补贴制度向购买制度变迁

3.1 制度环境

城镇化发展使产业和人口向城镇进一步集聚,将会引发经济社会结构、城镇空间布局、人们生活方式以及思想观念一系列深刻变革,也将会对交通运输总量规模和服务质量的需求产生重大影响,综合交通网络发展要适度超前(徐宪平,2013)。在城镇化发展对公共交通产生需求同时,电动自行车和私人小轿车的快速增长却使公共交通面临分流的挑战。

3.1.1 城镇化发展

1. 城镇化发展需要公共交通支撑

从全球发达国家城市化发展进程看,城市公共交通优先发展是解决城市化发展负外部性的关键手段。2015 年中国城镇化率为 56.1%,与 2000 年的36.22%相比,城镇化率提高了 54.9%。城镇化发展直接导致城市人口的增加,反映在公共交通方面,就是人均使用公共交通出行次数增加。2000 年城镇居民人均使用公共交通出行次数为 74.29,2015 年为 109.6,是 2000 年的 1.5 倍。这些数据表明:2000—2015 年,中国城镇化处在高速发展阶段,对公共交通出行需求也处在快速上升阶段。从中国城镇化发展趋势看,可将城镇化大致分为1949—1960 年、1961—1980 年、1981—1995 年和 1996—2016 年四个阶段(见图 3-1 所示),其中 1996 年开始到目前,城镇化发展处于快速上升通道。

经济学观点认为,当城市规模增加,空间集聚能够产生正的外部性,能够促进城市规模的扩展。然而,空间集聚同时产生的负外部性也随着城市区域扩大而放大,反过来影响居住条件和部分降低集聚效果。美国大多数城市(如丹佛市)在 20 世纪 50 年代经历了郊区人口的低密度增长,城市出行主要依赖汽车

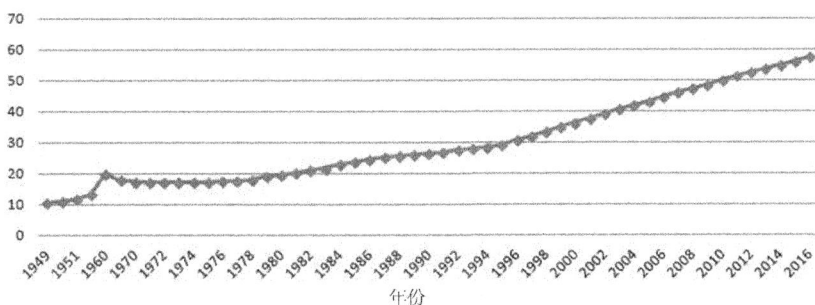

图 3-1　中国城镇化率发展情况

（数据来源：《中国统计年鉴》）

和高速公路的使用，这种城镇化发展空间距离的延伸和人口的低密度分布，导致城市经济、环境和社会成本的增加，尤其是交通拥挤和基础设施成本、人均能源成本和空气污染排放成本的增加（Ratner et al.，2013）。任何城市城镇化率达到一定程度时，都会伴随着更大的交通拥挤和环境污染问题。与私人小汽车相比，公共交通具有正外部性，公共交通使用的增加与私人轿车使用的减少，能够降低交通拥挤和二氧化碳的排放（Santos et al.，2010）。

2. 公共交通支撑城镇化发展

公共交通发展与城镇化发展相互作用关系有两层含义，一是以城镇化发展为目标发展公共交通，使公共交通发展能够适应城镇化发展需要；二是城镇化发展要与城市公共交通供给能力匹配，使城镇居民有一个更好的居住和出行环境。城镇化发展是国家长期发展规划，是国民经济新的增长点。城市公共交通供给能力代表一个城市的城镇化发展潜力，城镇化发展必须考虑城市发展能力。因此，城市公共交通发展要满足城镇化发展对公共交通的需求，供给能力要适度提前发展，即大于或等于城镇化发展对公共交通的需求。

从发展角度看，许多专家学者认为公共交通应该超前发展。这种观点支持中国政府提出的城市优先发展公共交通战略。优先发展城市公共交通是中国城镇化发展的必然选择，也是避免许多国家经历的超大城市问题，以及平衡城市发展与生态保护之间关系的有效途径。城镇化率高的城市一定要注重公共交通供给能力的提升，发展快速大容量公共交通系统；对具有明显城市与农村差异的发展中的城镇化城市，要改善公共交通服务水平，吸引更多市民乘坐公共交通。

3.1.2　公交行业竞争环境

哈佛大学教授迈克尔·波特（Michael Porter）于 20 世纪 80 年代初认为行业中存在着决定竞争规模和程度的五种力量，即进入壁垒、替代品威胁、买方议价能力、供应方议价能力以及现有行业竞争，这五种力量综合起来影响着产业的吸引力。城市公共交通作为一个行业，必然受到这五种力量的影响。

1. 行业进入壁垒较高

中国实行城市公共交通优先发展战略，并且定义公共交通具有公益属性。理论上，无论国有还是私有企业都可以提供公共交通服务。但是，由于私有企业逐利行为的客观存在，政府为了使私有企业能够理解和执行公交优先发展的战略意图，需要付出较高的监督成本，而且寻找到能够实现政府意图的私有企业也具有很大的局限性。因此，公交国有化成为政府的必然选择，这也是为什么目前中国大多数大中城市公交企业产权形式为国有形式的主要原因。

中国城市国有公交企业的产生并非随意的，而是为推行公共交通优先发展战略目的服务的，公交国有化是一种内生性的制度安排。目前中国许多大中城市的国有垄断运营模式为公交市场提供了非常高的行业进入壁垒，削弱了潜在进入者进入的可能性，同时也规避了行业竞争。

2. 替代品威胁较大

目前城市居民出行方式多样化趋势明显，自行车、电动自行车、摩托车、公共汽车、地铁、出租车、私人轿车和网约车等都是居民出行可选择的方式，各种方式各有优缺点。从对长三角区域的一些大中城市调研看，电动自行车和私家车出行比例逐年增加（如绍兴、扬州、镇江），对公共汽车的替代性非常明显。2015 年网约车的飞速发展，对一些特大和超大城市公共交通出行的影响不可忽视。

深圳是中国第一个公交都市建设示范城市，从其公布的公共交通数据看，2014 年公共交通客流量比 2013 年增加 5.11%，公交都市建设取得一定成绩；但从 2015 年的数据看，公共交通客流量比 2014 年下降了 4.04%，呈现下降趋势。虽然，深圳 2016 年 3 月采取"禁摩限电"行动，但从公布的数据看，2016 年第一、第二季度的公共交通客流量均比 2015 年同期有所下降，降幅大约为 2.9% 左右，深圳公共交通客流量步入下降通道。与此同时，网约车出行却在稳步增长,这从深圳 2015 年全市网约车共发生交通违法 75.6 万宗的事实可以看出。与深圳目前处境相似,中国众多城市均面临公共交通分流问题。

3. 买方议价能力较强

公共交通的买方是社会公众。社会公众是否选择公共交通出行,取决于票价和服务水平。由于中国实行的是低票价政府财政补贴制度,各城市公共交通票价都很低,甚至有些城市采用免费乘车制度。在低票价政策下,与服务水平相关的成本(如等待与换乘时间成本,舒适、安全和服务可靠性成本等)成为公众出行考虑的重要因素。目前中国大中城市公共交通出行服务水平还比较低。

本研究把大中城市居民按照公交出行程度划分为三类,第一类是常乘公交者,18 岁以下学生和 60 岁以上老人(享受优惠政策的群体);第二类为月收入 3 000～8 000 元者,有电动自行车或私家车,偶尔会乘坐公共交通;第三类为高收入者,月薪高于 8 000 元,拥有私家车,很少乘坐公共交通。目前大多数大中城市的公交分担率基本上都是由第一类人群贡献的,如果想提升公交分担率,就必须挖掘潜在的目标客户,这些目标客户就是第二、第三类群体。第二、第三类人群是公交分担率提升的重要来源,是潜在的公交乘车者,是不可忽视的公交发展的影响力量。调查发现这两类人群对出行服务水平要求较高,而且第三类人群对公交票价并不敏感。

4. 供应方议价能力中性

公共交通的供应方主要指车辆、燃油等供应商。中国公共汽车生产商较多,生产各种型号和种类的公共汽车,能够满足城市公共交通优先发展战略实施的需求。中国政府采用成品油价格补贴政策,而且各地政府对公交企业购买车辆都有优惠政策,还有些城市政府直接为公交企业购买车辆,因此,总体上看,供应方对公共交通优先发展的影响不大。

5. 现有行业竞争性弱

公共交通是准公共物品,具有有限的排他性。中国公共交通采取特许经营制度,只有符合当地政府要求的企业才能进入公交市场,获得特许经营权。许多城市不得不面临难以找到既能体现政府优先发展公共交通意图、又具有适宜规模的私有企业的挑战。因此,城市公共交通企业数量有限。目前许多城市只有一家国有公共交通企业,不存在市场竞争问题,企业运营靠政府财政补贴。从中国整体城市公共交通发展状况看,现有行业竞争性较弱,竞争机制不健全。

由于公交行业竞争性较弱,行业整体运营效率不高。

从对影响城市公共交通发展的五种力量分析看,替代品和购买方是影响公共交通发展的两个非常重要的力量(见图3-2所示)。在替代品方面,私人小汽车和电动自行车均对公共交通发展产生影响。近几年,服务水平较高、价格优惠的网约车成为公共交通新的替代品,而且随着网约车在中国获得合法身份,对地铁出行乘客的分流呈上升趋势;在购买方方面,低票价政策实施背景下,居民出行更看重服务水平。因此,公交要发展就要提供更好的服务水平,尤其对票价不敏感的乘客更要通过服务水平的提高吸引其使用公共交通服务。

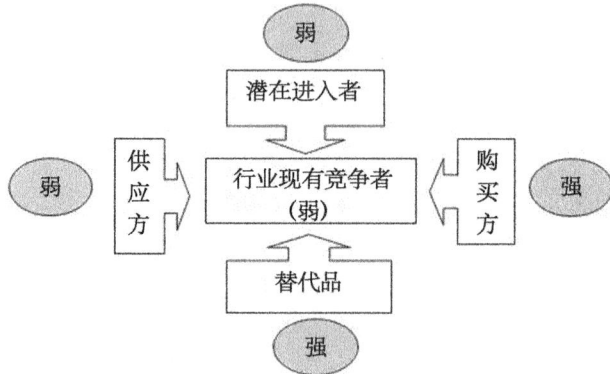

图 3-2 公交行业所处环境

3.2 制度变迁的需求

对公交补贴制度的绩效分析表明,制度的总体绩效与政府期望差距较大,制度效率发挥不明显。从总体上看,低票价政策和补贴制度实施对城市公共交通发展的影响主要表现在三个方面:①补贴制度虽然降低了公众出行成本,但整体绩效不高,政府财政负担重;②公交企业营运收入与成本比呈现下降趋势,必须依赖政府财政补贴维持运营;③企业缺少服务水平改善的积极性,政府财政资金效率低。据此,公交发展需要更好地解决这三方面的问题。

3.2.1 效率性需求

低票价政策对吸引公众和缓解交通拥堵非常有效,但低票价政策必须有车票收入之外的其他长期资金支持(维奇克,2012)。中国大多数城市的公交补贴资金来源于财政收入,在公交绩效较低的现实背景下,政府普遍感受到财政压力,公共交通优先发展的可持续受到挑战。政府财政补贴公交企业运营,不仅需要考虑公交公益性和政府财政承受能力,而且需要有效地提高行业效率。

效率是经济学的核心问题,是指尽可能有效地利用该经济体的资源以满足人们的需要和愿望。经济学家经常用生产函数来描述在既定的工程技术知识水平条件下,投入量与产出量之间的关系,认为生产效率是衡量经济绩效的最重要指标之一。显然,效率性描述的是在政策确定背景下的投入产出关系,当投入一定时,产出量越大,表明效率性越强。公交效率性是指在一定的财政预算约束下的公交客运量最大化,是对规模效益的追求。

无论是国有企业还是私营企业,在为城市公交服务的过程中,都无法完全通过市场来实现收支平衡,这是公交作为准公共物品的属性决定的。即便是国际发达城市,公交运营收入也只能抵销约30%～60%的运营成本,公交运营必须依托地方政府的财政扶持机制,才能持续发展。因此,行业成本效率的提高也反映了公交效率性。

3.2.2　激励性需求

城市公共财政收入是公交低票价政策可持续的重要来源和公交优先发展的保障,通过激励措施调动公交企业降低运营成本的积极性,这是提高行业效率和减轻政府财政压力的基本手段。行业主管部门根据成本规制标准预测企业收入成本总额,制定每年下拨综合运营补贴预算。在目前的公交行业成本管理制度下,财政拨款的多少与企业的经营业绩、服务质量无关。即使企业在成本约束范围内节约了成本,行政主管部门并无额外的业绩奖励补贴,因此企业没有进行成本管理控制的内在动力(陆志娟,2019)。

从补贴公交运营的资金管理形式看,大致分为两类:一类是不考虑运营商服务水平的"补贴运营成本"形式;另一类是考虑服务水平的"补贴+绩效考核"形式。"补贴+绩效考核"形式是指将补贴资金分为基本补贴资金和绩效资金两部分,基本补贴资金用于补贴企业部分或全部运营成本,绩效资金是对企业运营服务水平考核后发放的资金,是一种奖惩资金。在两类公交运营补贴形式中,采用"补贴运营成本"形式的城市政府财政补贴资金的使用效率不高,而采用"补贴＋绩效考核"形式的政府重视资金使用效率，但目前实行这种形式的大中城市较少。

理论上，城市政府应该对公交企业采取"补贴＋绩效考核"形式，以形成对企业的激励。但由于许多城市只有一家国有垄断公交企业，政府与公交企业关系模糊，绩效考核被认为只是一种形式，导致目前众多城市采用的都是"补贴运营成本"形式。虽然每个城市都对公交企业运营进行补贴，但补贴政策、补贴资金来源及额度等方面存在较大差异。在当前政府普遍感受到财政压力情况下，城市政府需要考虑如何调动运营商降低成本和提高服务水平的主动性。

3.2.3　资金效率提升的需求

1. 政府财政资金有限

公共交通作为一个准公共物品，具有有限的非竞争性和非排他性。理论上，城市公共交通供给应采取政府和市场共同分担原则。公共交通的准公共物品特性决定政府必须分担服务社会的责任，提供公共交通服务是政府的基本职能。通常情况下，政府会通过投资公共交通基础设施建设和对运营主体的财政补贴等手段承担责任。但是，政府的财政资金有限，而且需要与其他民生工程财政投资平衡与协调。Pucher et al.(1995)研究了公交系统运营在汉堡、慕尼黑、莱茵河-鲁尔区、维也纳和苏黎世五个城市的成功例子，总结了城市面临公共交通融资问题，指出随着国家财政紧缩和政府补贴的减少，如何有效地利用有限的补贴来防止服务水平的下降和交通成本的上升，是地方政府需要考虑的重点。

从世界范围看，公交运营商的运营收入主要来自政府提供的资金、广告和其他收入，其中最重要的是票款收入。北美公交运营商在很大程度上依赖票款收入维持财务可行性，在人口大于20万的区域，票款收入只能覆盖1/3的运营费用，资金短缺问题严重(Verbich et al.，2017)。因此，提高政府财政资金使用效率是保障公交公益性落实的关键。董砚宝(2009)在分析公共交通长期亏损并依靠国家补贴的基础上，建议通过将公共交通转为民营化解决长期依靠财政补贴问题。但民营资本的逐利行为如何与公共交通公益性目标契合，仍需进一步研究。由此可见，如何利用有限的资金更好地发展城市公共交通，吸引更多出行者选择公共交通，这是财政政策面临的挑战。

2. 政府责任性

低票价政策实施使政府财政支出加大,但是许多城市没有关注到政府资金使用效率问题,也没有将政府责任与资金使用效率联系起来,缺乏责任管理理念。现有的补贴机制大致是:运营商年底向政府管理部门上报运营成本,管理部门调查和审核运营成本,认可上报成本的合理性后,管理部门按照审核的成本费用设计补贴方案;如果不认可运营商上报的成本费用,就需要管理部门与运营商进行多次沟通,最后达成两者都认可的合理成本,管理部门再依据这个成本制定补贴方案,拨款给运营商。在目前实施的补贴方式中,并没有将服务质量评价与财政补贴政策结合,缺乏对运营商服务质量进行严格管制的措施,这就是政府财政资金使用效率较低的根本原因。

对财政资金使用效率的重视是对政府责任落实的监督。政府的任何活动都需要资金支持以推动其运转,几乎所有的政府活动都在一定程度上依赖于从纳税人那里征收并用于公共项目的资金,因此,绩效预算非常重要。哪些部门哪些活动获得补贴、补贴多少,政府在预算时就必须进行合理的安排(休斯,2015)。中国城市政府用于补贴运营商运营的资金主要来自财政收入,需要为纳税人负责。如果运营商被错误地补偿,就可能造成运营商或政府的损失;如果政府损失,就会存在与过度赔偿相关的一个机会成本,而如果运营商损失,就不得不降低服务水平(Rye et al.,2008)。由此可见,无论是政府损失还是运营商损失,政府都需要为资金损失负责。

3.3　政府购买公共交通服务制度

2016 年出台的《城市公共交通"十三五"发展纲要》明确提出"深化城市公交行业体制机制改革""建立政府购买城市公交服务机制""并依法采取特许经营方式确定经营主体"。政府购买公交服务是解决公交公益性与市场化矛盾的根本途径,也是提高市民出行满意度和保证公交企业收入的重要手段。政府购买公交服务需要对供应商进入、运营和退出的全过程进行有效管理,构建有效的治理机制。

3.3.1　政府购买公交服务的理解

1. 内涵

城市公共交通是准公共物品,具有一定的排他性。按照公共物品理论,准公共物品可以由市场提供或社会提供,而政府购买服务就是公交市场化的重要手段。在新公共管理改革过程中,主要西方国家的行政改革措施因国情不同而有所不同,但有一个共同点,就是推进公共服务供给的社会化与市场化,通过合同外包、公私合作、补助、凭单制等方式使社会组织与企业参与公共服务供给(李军鹏,2013)。中国许多城市认为政府购买公共交通服务就是对政策性亏损进行补贴,并对运营商进行绩效考核,也就是认为"政府购买服务＝补贴＋绩效"考核。实际上,这只是政府对运营商运营过程提供的部分服务的购买,与政府购买公交服务概念有一定的差别。"政府购买服务,是指通过发挥市场机制作用,把政府直接提供的一部分公共服务事项以及政府履职所需服务事项,按照一定的方式和程序,交由具备条件的社会力量和事业单位承担,并由政府根据合同约定向其支付费用。"[①]

政府购买公共交通服务是指政府采取招投标和特许经营形式对具有资质和符合服务要求的企业实施购买服务,根据企业提供服务的数量和质量,按照一定的标准进行评估后支付服务费用的一种政府提供公共服务的制度。政府购买公共交通服务制度将原来由政府直接补贴补偿公共交通服务的形式转变为直接向有资质的社会组织或市场机构购买公共交通服务,政府与特许经营企业鉴定购买合同,并按照合同约定向其支付费用。其主要特点为:公开招标(有资质要求)、适度竞争、定向委托、合同管理、绩效评估和评估兑现。

2. 意义

公共交通的准公共物品属性,客观上要求政府必须承担部分公共交通发展的责任,财政补贴公交企业运营是政府应该承担的义务。随着中国城市公共交通优先发展战略实施的推进,目前许多城市普遍存在政府认为财政补贴负担过重,而公交运营企业认为政府财政补贴不到位问题。这些问题严重制约了城市公共交通优先发展的可持续性和社会经济效率。

政府补贴公共交通服务,严格来说,是一种事后补贴行为,而政府购买服务

---

① 参加财政部《政府购买服务管理办法(暂行)》(财综〔2014〕96 号),2014 年 12 月。

是一种事前购买行为。根据核算的成本进行事后补贴,无论是成本规制补贴还是全额补贴,都不利于企业运营效率的提高和服务水平的改善,也不利于政府对财政支出的控制。从事后补贴到事前购买,标志着政府职能的转换和服务意识的提高。政府购买公交服务的规范模式与财政补贴方式的最根本的区别是厘清了政府与公交企业的关系,即政府负责线网布局规划、服务标准与价格制订等,企业只需负责运营服务并承担服务质量考核与运营成本控制的风险,不再是票款收入变化的责任主体(钟朝晖,2018)。

从"补贴"到"购买"服务制度转变,使政府在发展公共交通过程中更具主动性,权责更加清晰。政府购买服务制度的实施,使政府能够对线路资源进行优化配置,培育适度竞争的市场环境;企业在固定购买金额前提下,运营效率越高,获得利润越高,因此,企业有积极性控制成本和提高效率。此外,城市政府对公共交通市场由主导转向引导,真正使公交企业从生产型转向经营型,产权效率得以体现,社会经济效率得以提高。

3.3.2　政府购买公交服务需要解决的关键问题

1. 产权与效率

政府购买公交服务是以政府通过购买服务能够提高行业效率的假设为前提的。随着特许经营制度的实施,民营化逐渐进入公共事业领域。如果从公交企业运营成本降低角度看,民营企业比国有企业具有比较优势。但是,公共交通具有公益性,主要体现政府社会福利最大化目标,民营企业的逐利行为与公共交通的公益性相矛盾。国有企业由于是公办企业,相比民营企业,能够更好地体现政府发展公共交通的意图。从中国大中城市公交改革实践看,公益性与逐利性的矛盾,迫使许多地方政府逐渐修改了特许经营制度框架,民退国进是目前许多城市的选择。虽然,政府购买公共交通服务为民营企业进入公交市场提供了机会,但民营企业的利益目标与公交公益性目标的冲突,为城市政府提出了管理挑战。

2. 垄断与竞争

一个企业之所以进入行业,是因为它看到了进入行业后的增长空间以及超过进入成本的利润。公共交通实行特许经营制度,需要供应商具有满足本地公交运营的资质与条件。如果政府设置的公交市场进入门槛高,即企业进入成本高,而且企业又不能从后续运营中获得利润,势必会阻止更多企业进入。即使公开招标，也不会有更多企业参与投标环节，减少了供应商源。供应商源的减少，可能导致垄断企业（民营或国有）的生成。如果公交市场出现垄断，市场就会失效，公交优先发展政策就可能扭曲。

尽管政府实施购买公共交通服务的期望是提高公交行业效率，但是由于缺乏可供选择的供应商，市场竞争性弱，同样会导致公交效率的低下。

3. 成本与定价

政府购买公交企业提供的服务的价格计算是以运营成本核算为基础的。通常情况下，在成本核算基础上再加上一定的利润，最后形成购买服务的价格。因此，合理的购买价格不仅需要运营成本核算的准确性，而且需要有合理的利润率。合理的利润率与公交行业工资水平的界定相关。行业工资水平不仅涉及调动公交企业改善服务水平的积极性问题，也涉及工资水平与其他行业相比的公平性问题，以及能否吸引和留住司机等问题。

此外，环境变化对购买服务价格制定有一定影响。如果城市在一个相对稳定的环境条件下，如人口规模、居民分布、交通网络、出行方式、经济收入和原材料价格等条件相对稳定，购买价格制定就会比较容易。然而，城市总是处在一个发展变化的环境中，城镇化发展带来的人口增加、城市轨道交通使用与地面公交车辆的客流竞争、居民消费水平的变化，以及公交车辆维修零部件价格的不断上涨等，都会影响政府购买服务价格制定的合理性和准确性。

4. 绩效与监管

由于公交企业是直接向乘客提供服务的单位，其提供服务水平的高低会对乘客满意度产生重要影响，进而会影响乘客出行方式的选择。杨安华（2014）指出政府回购服务的直接原因主要包括市场化公共服务提供质量降低、不能节省成本、合同管理/监督成本高、缺乏竞争市场等。显然，对公交企业服务水平监管非常重要。网络技术、通信技术、计算机技术的发展和应用，为政府对公交企业服务水平的监管创造了有利条件，如政府应用 GPS 和 GIS 等技术，能够实时地获得公交车辆行驶轨迹、车辆的位置和速度等信息，从而更好地监管公交企业的服务水平。

此外，当供应商通过竞标获得特许经营资格后，如何对其运营绩效进行考核，就涉及绩效指标设计问题。绩效指标设计需要综合和全面地反映公共交通系统运行情况和服务质量，可参考 2013 年公布的《公交都市考核评价指标体系》。此外,除了行业监管的各项指标外,还要重视社会评价指标的建设。社会测评内容可重点关注:①司售人员是否安全驾驶、操作规范和服务规范等;②车辆车况是否完好,车貌是否整洁等;③站点环境是否有利于候车,有否公交信息服务等;④舆情反映情况,社会满意度等。

当一个企业服务水平总是不能达到要求时,就应该考虑让其退出市场运营。由于在一个既定市场,企业退出会减少行业竞争者数量,从而改变行业结构和行业效率,因此,企业退出市场决策应慎重考虑。特别是当城市只有一家公交企业时,关闭企业是不可取的,即使效率低,也不得不让它维持生产。当公交企业由于绩效考核严重不达标需要退出运营时,是否有备用运营商、能否保证服务的连续性和一致性,这些都是对当地政府管理能力的考验。

3.4　本章小结

在补贴制度实施过程中,始终存在两个争议性问题:一是运营商运营成本的审计和评价的合理性与公平性;二是运营商补贴额度确立是否需要考虑其服务质量。运营成本评价首先需要解决标准成本界定是否合理问题,其次解决在信息不对称情况下如何评价发生的成本费用,最后要甄别运营商是否主动控制成本、提高效率。除了成本评价需要解决的问题外,有些城市采用的政府财政全额补贴公交企业运营成本,以及现有燃油补贴政策等,均存在对运营商服务质量考核不严或不考评等问题。目前普遍采用的政府财政补贴制度存在效率低和交易成本高等问题,需要政府进一步加强经济管制。

在中国目前城镇化发展迅速和政府财力有限的现实背景下,公交行业发展要转变观念,不仅立足于行业成本控制和效率提高,走集约高效的公共交通发展之路,而且要在制度上有所创新。当低票价财政补贴制度实施不能带来更高效率时,政府应该寻找具有更高效率和更低交易成本的制度,积极推进财政补贴制度向政府购买服务制度的改革。

第4章 服务提供的产权与效率

4.1 中国城市公交改革

中国多数大中城市迫于地方财政压力,曾普遍进行过公交市场化改革。从"承包责任制"到"专营权制度",再到"特许经营制度"的实施,始终包含着公交市场服务提供的产权形式变更。2008年后,在落实公交公益性、抑制无序竞争和降低运营成本等因素的驱使下,公车公营成为大中城市公交服务提供的主流方式。

4.1.1 公交所有权改革历程

1. 产权理论

产权是一个古老的概念,迄今也没有一个明确的定义。产权包括人们对一种资源的使用权、收益权和转让权,任何一种资源都含有具体的权力束,当人们在考虑一个社会怎样才能更有效率时,产权的功能是十分重要的(刘守英,1992)。诺思在1990年认为产权是个人支配其自身劳动及其所拥有之物品与劳务的权利,是制度框架的函数。就算是能设计出有效率的产权,其监督或实施成本通常还是很高的,这反映了至少在交换的某些方面还存在着对违约、逃避义务、偷盗或欺诈行为的诱惑。

20世纪80年代左右,产权理论得到专家学者的极大关注。产权理论认为所有权变更是转变激励机制因而提高企业绩效的最根本方式,为此,许多国家公共事业进行所有权改革。城市公共交通的改革亦可追溯到20世纪70—90年代,一些国家和地区逐步开放公共交通市场,引入竞争机制,公共交通服务质量和经营效率得到提高。与此同时,政府购买服务制度也被大量发达国家采用,90年代达到高潮。虽然近10年来,许多国家出现了政府回购服务现象,中国某些城市也收回民营经营权,但是对提高行业效率的公共服务改革仍是发展趋势。

2. 改革历程回顾

自中华人民共和国成立以来,公交企业一直是国有产权形式,肩负着为城市居民提供出行服务的重任。同中国其他行业传统国有企业一样,公交企业也存在体制僵硬、效率低下和缺乏激励机制等问题。在产权理论的指引下,许多国家公共事业进行了所有权改革,中国也不例外。中国国有企业以权力换效率成为改革的核心理念,"放权让利"是当时普遍采取的改革模式。20 世纪 80 年代初,中国城镇化发展迅速,国有公交企业越来越不能适应城镇化发展的需要,公交企业改革势在必行。在这种背景下,公交企业实施的"放权让利"策略是在当时的国营企业内部实行多种形式的经营承包责任制,这在一定程度上解决了传统经济体制缺乏效率与活力问题。但经营承包责任制实施也面临一些问题,如产权界定不清晰、承包人唯利是图,以及政府一些指令性任务无法完成等。进入 90 年代,为了完善承包责任制的具体办法,公共交通经营从"承包责任制"向"专营权制度"过渡,为形成公共汽车、电车企业发展的激励机制和竞争机制提供了制度基础。

为了进一步明确产权关系、企业责任和政府职能,同时,为了提高行业效率,2002 年建设部明确提出"加快推进市政公用行业市场化进程,引入竞争机制,建立政府特许经营制度"。特许经营制度的提出,意味着社会资本允许进入,由政府授权特许经营。2003 年湖北省十堰市设立民营公交公司,成为"公交民营化"第一城市。然而,在"公交民营化"进行过程中,连续出现四次公交公司司机罢工,公交运营秩序混乱,群众满意度低下,最终市政府于 2008 年收回公交特许经营权。2004 年中国实行城市公交优先发展战略,界定公共交通为公益性。显然,民营资本的逐利性与公交公益性目标存在冲突。同时,信息不对称、激励不相容、"包盈不包亏"等弊端使公交市场异常混乱,市场出现恶性竞争,市民出行困难,公交公益性得不到保障。

虽然,十堰市公交民营化失败与政府责任缺失有一定的关系,但是公交公益性定位在更大程度上促使政府向民营企业回购公交服务。与十堰市产权变革路径相同,2008 年后,许多城市为了实现公交公益性目标,采取了收回民营企业特许经营权,实行公车公营策略。从目前中国大中城市公交运营现状看,主要以国有垄断经营为主,只有为数不多的几个城市是民营垄断,如广东省梅州市。

4.1.2 公交所有权改革动因

在中国公共交通改革历程中,2002 年的特许经营制度建立和 2004 年的公共交通优先发展战略实施,对公交所有权改革产生重要影响。2004 年公共交通被界定为具有公益属性,为了实现公交公益性,城市政府对公共交通进行了所有权改革,主要包括三种形式:①将私有运营权逐步收回,成立国有公交公司——公交公运;②建立以国有为主的股份制公交公司——公私合作运营;③政府购买民营企业提供的公交服务——民营企业运营。表 4-1 列举了中国部分城市公交改革实践情况。这些城市都是因为改革前公交市场秩序混乱、公益性难以落实,才下决心进行的所有权改革。

表 4—1   中国部分城市的公交改革实践

城市	改革年份	改革前情况	改革前存在的问题	改革形式	改革效果	来源
1.辽宁省葫芦岛市	2010	一家公交企业,单车承包,亏损严重;中巴车以个体经营为主,挂靠经营为主	运力不足,恶性竞争,线路少,居民满意度为 14%(2010 年测评)	中巴车民营车资本合资成立一个公司(特许一条公交线路);公交企业转变为国有控股企业	群众满意度达到 98%	《中国交通报》2012 年 7 月 24 日,第 006 版
2.河北省秦皇岛市	2014	一家民营企业	国家燃油补贴不到位,长期处于亏损状态,并逐年恶化	政府股权回购,完成国有化改制	服务水平改善,群众满意度上升	"改革之路,砥砺前行——秦皇岛公交回归国有化周年纪实",《人民公交》2015 年第 5 期
3.河南省许昌市	2011	私人承包经营	市民出行不便,满意度低	政府参股,民企控股,企业自主运营,企业参股,政府参股获得成本规制补贴	群众满意度 95.47%	"改革迈入发展快车道",《人民公交》2017 年第 4 期
4.河南省漯河市	2012	六家民营企业	无序竞争,车辆拒载,群众满意度低	政府出资占股 49%,六家民营公交出资占股 51%,成立了漯河公交集团	运营线路及规模不断扩增,管理及服务不断优化	"公交改革发展,回归公益面貌新",《人民公交》2016 年第 7 期

（续表）

城市	改革年份	改革前情况	改革前存在的问题	改革形式	改革效果	来源
5.湖北省孝感市	2017	1991年起，实行单车租赁承包经营	线路调整阻力大；驾驶员管理难到位，安全隐患大；服务质量难以提高，群众意见大等	"收购＋补偿＋出路"，城区公交全部收回国有公营	服务质量和司乘关系大幅改善，各类举报投诉率下降率80%	《孝感日报》2017年8月14日，第008版
6.湖南省张家界市	2015	私人承包经营	公交服务质量差，安全隐患大，车辆破烂不堪	"整体收购，提升管理，更换新车，公车公营"	群众满意度上升	"让公交改革增彩美丽张家界"，《张家界日报》2015年12月24日
7.浙江省湖州市	2011	六家民营公交企业	服务水平低，市场混乱，居民投诉率高	"一城两交，适度竞争""民营化经营，政府购买服务"	有责投诉率下降约40%，服务水平提升	中国新闻网 http://www.chinanews.com
8.浙江省温岭市	2012	三家民营企业经营，带车入股，承包经营，自负盈亏	群众普遍感到不满，企业感到车行"无奈"	"民营化经营，政府购买服务"，第三方测评机构，公交成本与收入规制	硬件设施改善，市民出行便利	徐枫："民营化经营与政府购买服务"，《城市管理与科技》2016年第4期

（续表）

城市	改革年份	改革前情况	改革前存在的问题	改革形式	改革效果	来源
9.广东省佛山市禅城区	2008	硬件落后，私家车骤增，分线承包，个人承包	竞争无序，监管混乱，服务质量差，公交优先权落实难，政府财政投入扶持效果不明显	政府购买服务，票运分离，成立TC公司	投诉率大幅下降，群众的满意率提升	卢远萍："禅城区公共交通财政补贴问题探析"，《行政事业资产与财务》2013年第8期
10.广东省梅州市	2007	国有化公交垄断经营，车辆设施由政府投入，企业亏损由政府兜底	企业亏损严重，政府压力大	民营企业独资成立城市公共汽车有限公司，取得了城区公共车客运项目的特许经营权	提高公交车辆运营效率，降低运营成本	刘达标、胡锦忠："梅州公交改革实现'三赢'"，《运输经理世界》2015年第13期
11.四川省都江堰市	2011	四家民营企业	市场混乱，无序竞争，设施落后	四家民企整合成立城市公共交通有限责任公司	群众满意度上升	原亦明："砥砺三十载，造福一方人"，《人民公交》2017年第7期
12.内蒙古巴彦淖尔市	2016	2002年公交转制，线路车辆全部私有化，政府监管	线路调整阻碍大，车辆老旧破损，老百姓出行困难，政府监管力度不够	公交线路经营权收回，新建国有全资公交公司，票款分离，引入新能源汽车	运营成本降低	《中国工业报》2016年9月9日，第B02版

1. 落实公交公益性

中国城市公交所有权改革最根本的动因是落实公共交通公益性,提高城市居民公交出行满意度。在这个前提下,从民营到国营控股或参股,或成立国有公交公司,公车公营成为必然。城市公共交通公益性意味着低票价、低收入,这与民营企业以收益最大化为目标的经营理念相违背,只有公交国有化才能与公交优先发展战略目标契合,实现公交公益性目标,因此所有权从民营变更到国有控股/参股,或国有化。中国绝大部分城市的公交改革基本上都是基于对公交公益性落实的考虑,公交国有化成为多数大中城市的选择。

2. 抑制无序竞争

公交特许经营制度实施的目的是培育竞争机制,然而,无论是多家民营企业,还是国有企业内部的线路承包、车辆承包,都容易出现市场混乱、竞争无序状态,不仅安全隐患大,也存在设施落后等问题。公共交通是准公共物品,过度竞争的市场不利于公共交通公益性的落实。针对这种情况,许多城市探索通过公交所有权改革,抑制过度竞争。实际上,这些城市采取的都是围绕着如何减少城市公交服务提供者数量的所有权变更措施,如政府采取回购车辆、线路权等措施,几家民营企业合并为一家股份制企业等。为了抑制无序竞争,四川省都江堰市四家民企整合成立城市公共交通有限责任公司;河南省漯河市政府采用出资占股 49%,六家民营公交出资占股 51% 的股权形式,成立了漯河公交集团。城市通过这些所有权改革措施有效地抑制了过度竞争,但同时也规避了竞争。

3. 降低运营成本

政府财政补贴公共交通运营是国际通用规则,中国也不例外。但有些城市政府采用完全兜底模式对企业进行财政补贴,如广东省梅州市。梅州市改革前为国有垄断公交企业,车辆设施由政府投入,企业亏损由政府兜底,企业亏损严重,政府压力大。公共交通国有企业垄断经营加重政府负担,企业经营效率低下和服务质量差,民营化是可行途径之一(董砚宝,2009)。而且,由于基础设施建设存在着时间长的"风险",一方面出于财政和效率的原因,需要大量引入私人经营,另一方面出于盈利率和风险的原因(徐宗威,2001)。

广东省梅州市进行了公交所有权改革,民营资本进入公交市场,民营企业独资成立城市公共汽车有限公司,取得了城区公共汽车客运项目的特许经营权。从国有化公交垄断经营到民营资本的介入,梅州市通过所有权改革,降低了企业运营成本,从而减少企业亏损,减轻了政府财政压力。

4.1.3　所有权改革出现的问题

中国大多数城市都经历了国有、承包经营、股份转制、国有或混合化经营过程,这些城市公交改革形式始终围绕着所有权的变更,但所有权改革仍旧存在改革绩效不佳、产权效率体现困难和产权形式趋于单一等问题。

1. 改革绩效不佳

20 世纪 80 年代开始的市场化改革,虽然暂时缓解了公共交通的供需矛盾,但也存在过度竞争、市场混乱等问题。2008 年后,陆续实施的城市政府收回公交所有权和回归公益性行为,也没有带来公交绩效的明显改善。此外,虽然国家在"十一五"和"十二五"期间投入大量资金发展城市公共交通,但仍存在"公交企业经营比较困难,改善服务能力不足"等问题[1]。2018 年 12 月,在中国近 300 个地级及以上城市中,只有 12 个城市被交通运输部通报为国家公交都市建设示范城市。显然,公共交通改革产生的效率与政府的期望具有很大的差距。

在现有的制度下,公交企业没有主动控制运营成本和提高运营效率的动力,企业运营成本高。在一个没有竞争的市场上,怎么能期望获得高效率呢。中国目前多数大中城市只有一家国有公交企业,政府职能与企业经营行为重叠,因此,形成了国有垄断公交市场,从而导致政府财政负担重和低效率(Wan et al.,2013)。

2. 产权效率体现困难

除了有所争议外,产权效率在实践中也很难体现。公共交通的公益属性意味着公交企业生存和发展需要政府财政补贴和一定的政策支持,也就是公交企业必须依赖政府财政补贴才能运营。公平性是政府管理城市遵循的基本原则之一。从政府财政支出角度看,产权形式不是决定补贴额度大小的原因。因此,各地政府对从事运营的公共交通企业,无论其是什么产权形式,均给予财政补贴。

有研究认为政府垄断模式存在着诸多弊端,其结果带来的是低效率和政府

---

[1]　参见交通运输部《城市公共交通"十三五"发展纲要》,2016 年 7 月。

陷入资源短缺困境。但是公共交通具有规模经济属性,城市只有一家国有垄断公共交通企业运营,其规模效益表现突出。

3. 产权形式趋于单一

在城市公共交通优先发展战略背景下,城市政府更多关注公共交通公益性的落实,逐步实现国有化运营和准入管制,政府加大对企业运营亏损和政策性亏损的补贴,其中全国城市公交运营补贴从 2004 年的 20.2 亿元增加到 2014 年的 315.2 亿元,增长了 14.6 倍(章玉等,2016)。以河北省秦皇岛市为例,秦皇岛市 2002 年实行公交民营化,但从 2010 年起,由于劳动力成本增加,公益任务繁重,企业亏损严重。2014 年秦皇岛市政府通过股权回购,完成国有化改制。随着秦皇岛市国有化改制完成,河北省已无一家民营公交企业。河北省目前的公交市场情况,在很大程度上反映了中国城市公交市场现实——公车公营成为主流模式。

4.2　产权效率研究设计

菲吕博腾、平乔维奇(1972)指出,竞争逻辑表明,对一个人产权的更完整界定减少了不确定性,并会增进资源的有效配置与使用,这样对效率的研究必然包含对交易发生的制度背景和条件的理解。从菲吕博腾和平乔维奇的研究结论看,在对效率研究时必须考虑产权界定问题。当考察一个制度安排效率时,产权的作用是不能忽略的。

4.2.1　产权效率的困惑

不管产权定义如何,产权对效率的影响得到经济学家们的公认。在所有权与经营权分离的国有企业之中,厂长、经理在拥有企业管理权的同时,却不必为自己的行为负责,不必承担自己行为带来的社会成本,这是国有企业的经营者不可能追求"经济效益最大化",而只是把国有企业作为实现自己目标最大化的工具的根本原因(张维迎、马捷,1999)。特许经营制度下,民营机构得以参与公共交通市场运营,增强了市场竞争意识,有利于改善市场效率。但是,民营化导致的过度竞争和公益政策难以落实问题也随之而来,市场秩序混乱,社会效益降低。哪种产权形式能够带来更高效率一直是经济学家争论的焦点,产权与效率是政府购买公交服务必须面对的问题。

以科斯为代表的主要观点是私有制能够带来更高效率，而以斯蒂格利茨为代表的经济学家认为，并不是所有的国有企业都不如私有企业效率高。在垄断程度较高的行业，即使私有化，也不会取得明显的效益改善（吴振球，2008）。虽然产权理论论证了产权与效率的相关性，并认为私有产权比国有产权具有更高效率，但对公用事业，如城市公共交通，产权是否决定效率，一直存在争议。中国实行特许经营制度的目的是引入竞争机制，提高行业效率，从而降低政府财政负担。但从改革实践和理论研究看，哪种产权形式能够带来更高的行业效率仍存在困惑。

第一，民营资本参与公交运营，是否一定能带来高效率？民营化能够带来行业效率的提高，已得到许多专家的肯定。Iseki（2010）利用 1992—2000 年的数据就公交业务外包对成本效率影响进行分析，分析结果表明业务外包对公交企业具有积极作用，运营成本有所降低。对公用事业企业而言，似乎没有任何一种类型的股东对其业绩有显著的作用，股权结构与企业的业绩无关（陈晓、江东，2000）。

第二，公共交通国有垄断经营，是否一定带来低效率？困惑来自经济学家们对产权效率的争论，即产权并不能完全决定效率，甚至对公用事业企业，产权与效率无关（陈晓、江东，2000；吴振球，2008）。周其仁（2000）认为国家所有或集体所有的公有制完全不同于在个人私产基础上集合起来的合作制或股份制，公有制企业的非市场合约性，从根本上消除了保证企业效率的一种机制：市场校正企业出错。许多对公共交通市场化研究的结论表明，没有非常有说服力的证据可以证明市场化方案能够改善绩效，虽然需求主导的市场化确实能在一定程度上带来成本节约，但总体来看，市场化带来的成本节约并不显著（蔡长昆，2016）。

第三，如果按照某些学者的观点，公用事业产权与效率无关，那么政府就无须进行公交市场化改革，无须引入社会力量。当前中国实行的是城市公共交通优先发展战略，而且定义公共交通为公益事业，追求收益最大化的私有企业与公交公益性目标不符。政府为了实现公共交通的公益性，实行公交企业国有化就具有必然性。从这个逻辑看，国有公交企业就是一种内生性的制度安排。那么，公共交通市场需要改革吗？

4.2.2 产权效率研究框架

1. 公交市场产权结构定义

公交市场产权结构是指一个城市公交市场中各种所有权的比例关系。按照每种所有权所占比例,分为完全国有、完全私有、公私合营三大类。完全国有包括国有垄断和多家国有企业两种,同样,完全私有包括民营垄断和民营企业两种。在公私合营类别中,又包含混合化和多元化两类,其中混合化包含国有控股和民营控股产权形式。产权结构对应的特许经营企业数量及典型城市见表 4-2 所示。

表 4-2 产权结构与企业数量

	产权结构						
	完全国有		完全私有		公私合营		
	国有垄断	国有	民营垄断	民营	股份制		混合多元化
					国有控股	民营控股	
企业数量	1 个	多个	1 个	多个	1 个	1 个	多个
典型城市	青岛、株洲	无锡	梅州	湖州、温岭	吕梁、葫芦岛	许昌、漯河、洛阳、佛山	深圳、东莞

在中国公共交通市场的三大类产权结构中,完全国有产权结构表示一个城市公交市场全部为国有公交企业;完全私有产权结构表示市场全部为民营公交企业;国有控股产权结构表示一个城市市场国有公交企业多于私营公交企业,或国有股权高于私有股权;民营控股产权结构表示一个城市公交市场私营公交企业多于国有公交企业,或私有股权高于国有股权。

2. 研究框架

诺思(Douglass C. North)1990 年认为制度是一种规则,规则自上而下,从政治到产权,再到个人契约。诸种契约体现了能使交换得以便利进行的不同方法,如特许经营权。特许经营制度下,无论私有、国有,还是公私合营等产权形式的企业都可以从事公共交通运营,但由于产权与交易成本相关,因此不同产权形式意味着不同交易成本。公共交通系统运营过程中,政府与运营商之间是交易关系,客观上存在政府搜索运营商信息成本、谈判和决策成本,以及监督和执行成本,这些成本可归结为契约签订和执行成本。

制度环境在根本上塑造了制度安排中个人的激励和约束结构,从而在根本上改变了市场制度安排的制度完备性,进而影响制度绩效(蔡长昆,2016)。因此,对特许经营制度下的公交市场效率进行分析,应综合考虑特许经营制度所处环境、制度实施成本等因素。本研究从制度环境、制度安排和制度绩效逻辑出发,设计了一个分层框架模型(如图4-1所示)。制度环境用产权结构描述,契约签订与执行代表特许经营制度安排,最后用效率指标表示特许经营制度绩效。

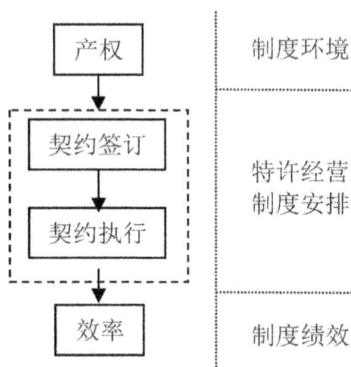

图 4-1　研究框架

制度安排是指支配经济单位之间可能合作与竞争的方式的一种安排,提供成员合作获得收益的一种结构(戴维斯、诺斯,1971)。本研究用契约签订与执行表示特许经营制度的安排。契约(合同)是政府与公交运营商之间的一种协议或约定,特许经营表示政府与公交运营商的一种合同约定形式。

4.2.3　研究假设

不完全契约理论认为,契约是不完全的,当事人的有限理性和资产专用性会导致隐瞒、欺诈等问题,可以采取产权安排来实现次优效率(聂辉华,2017)。目前中国城市公共交通市场表现出产权形式多样化特征,大多数中小城市都是国有公交企业,而且具有垄断化特征,但辽宁省葫芦岛市却以国有控股形式存在。判断哪种产权效率高,一定要看该种产权制度是否与经济基础相适应,是否与当时的社会生产力发展要求相适应。能够适应,该种产权效率就高。不能适应,该种产权效率就低(吴振球,2008)。

1. 假设 1：国有垄断生产效率一定低

垄断化产权的优点在于公共交通管理机构在公共交通建设、维护、运营、管理及调度等方面便于管理，短期内能给使用者提供较高的出行福利。但从长期来看，因企业是国有产权，产生的运营成本由政府买单，注重社会效益而不注重运营利润，因此，这种产权缺乏降低成本、提高效率和对公众需求做出快速反应的激励。Jerch，Kahn，and Li（2017）对公交效率进行分析，认为私人部门提供的公交服务具有比公共部门更持续的成本降低。

2. 假设 2：股份制经营比垄断经营效率高

Muñoz and De Grange（2010）认为自由的市场竞争不能确保有效率的公共交通服务所必需的一切条件，政府必须干预。但垄断结构、进入障碍产生的负外部性也能引起公交市场失效。鉴于单纯由国有垄断企业运营产生的效率低下，以及完全私企运营产生的无序会导致居民出行福利的降低，有些城市采用了国有控股或国有参股产权形式，即股份制产权形式。采用股份制产权形式的城市大都由政府或国有企业通过控股或参股形式决定或影响企业运营，这种产权形式既兼顾了公共交通的公益性，也同时考虑了产权激励。理论上，股份制产权形式效率应比垄断化效率高。

3. 假设 3：混合多元化生产效率最高

多元化产权形式下的公共交通服务的提供者包括多种类型，如国有、外资、合资和私营等多种产权的公交企业，这些企业共同提供城市公共交通服务。在多元化产权形式下，城市公共交通市场具有一定的竞争性，企业具有降低运营成本和改善服务水平的动力。但这种多元化产权形式对政府的管理能力提出挑战，如线路的分配、补贴补偿额度的分配、公益性项目的落实等，尤其是私营企业会因为片面追求经济效益而忽视服务质量和运营安全等问题，也使城市政府在公共交通市场管理方面面临很大的压力。但不可否认的是，民营资本的进入，市场竞争意识加强，有利于行业效率的改善。

4.2.4　评价指标与方法

1. 评价指标设计

效率评估的关键是正确设计能够有效描述系统投入与产出的合适指标。通常生产函数将反映劳动力、资本和土地等指标设为投入变量，产出指标常用产量表示。对于城市公共交通系统来说，乘客、车、路是系统的重要组成要素，车和路可代表系统的输入，乘客代表着系统的输出。在一定的系统输入背景下，乘坐公共交通的人数越多，表明系统生产效率越高，城市特许经营制度安排则越有效率。

中国优先发展城市公共交通的目的是能够实现城市的可持续发展，降低交通拥堵和改善居民生活环境。为了实现这个目标，政府投入大量资金建设公共交通基础设施（车和路），提供低票价公共交通服务，以吸引更多居民使用公共交通出行。借鉴前人对公共交通绩效评价指标的选取结果，考虑到数据的可获得性，本研究以城市 GDP 总量、运营车辆数、道路面积等指标作为原始的投入变量，以每年完成的公交客运总量为原始的产出变量。考虑到这些变量受人口规模的影响，本研究将这些变量按照人口规模进行了处理，形成表 4-3 所列的评价指标。

表 4-3 生产效率评价指标

评价类型	评价指标	单位	说明
投入	人均 GDP	元	GDP 与人口之比
	万人拥有公交车	标台	折算后的运营车辆与人口之比
	人均道路面积	平方米	道路面积与人口之比
产出	人均出行次数	次	年载客量与人口之比

2. 效率评价方法

对一个城市来说，公共交通系统的生产效率是能够综合反映这个城市的特许经营制度安排效率的。为了降低制度安排效率评估的复杂性，本研究以城市为单位，将城市公共交通系统作为生产函数，通过测算城市公共交通系统的效率值，从生产效率角度评估特许经营制度安排效率。

数据包络分析方法（data envelopment analysis，DEA）是最常见、最有效的一种非参数前沿效率分析方法，由于其能将一个城市作为决策单元，对城市投入产出进行效率评价，被广泛应用到公共交通系统生产效率的评价。为了克服得到的效率值可能会出现多个决策单元同是 DEA 有效的，从而无法直接对这些相对有效的单元做进一步的评价与比较，以及指标重要程度的不一致性会对绩效结果造成不同的影响,本研究采用 SE-DEA-Gini 效率计算方法测算不同城市公共交通系统效率值。

4.3　产权效率分析

产权与效率是政府购买公共交通服务制度实施的核心议题。虽然产权理论和交易成本理论均论证了产权与效率的相关性,但对城市公共交通行业民营资本参与公交运营是否一定带来高效率,以及国有垄断经营是否一定导致低效率,理论上一直存在困惑。

4.3.1　样本城市选择

样本城市选择综合考虑了城市人口规模和公交市场产权结构现状,以及数据的可获得性,最终选择了具有代表性的 23 个大中城市作为样本城市(样本城市信息见表 4 - 4 所示)。

表 4 - 4　样本城市信息

单位:人

城市规模	产权结构形式	城市
30 万～50 万	国有垄断	通化
	国有控股	吕梁
	民营控股	许昌
50 万～100 万	国有垄断	株洲、孝感、金华、张家界
	国有控股	葫芦岛、巴彦淖尔
	民营垄断	梅州
100 万～200 万	国有垄断	十堰、秦皇岛
	民营控股	漯河、洛阳
	多元化	东莞
200 万～300 万	国有垄断	厦门
	民营控股	揭阳
	国有	无锡、茂名

（续表）

城市规模	产权结构形式	城市
300 万～400 万	国有垄断	青岛
	民营控股	佛山
	多元化	深圳、长沙

注：城市产权结构形式以资料收集时间而定。

23 个样本城市中，公交企业完全国有的城市为 11 个（其中国有垄断城市 9 个），完全私有的城市 1 个，国有控股的城市 3 个，民营控股的城市 5 个，多元化的城市 3 个。国有垄断城市数占总样本城市的百分比为 39%，而完全私有城市只有 1 个（梅州市），同时，多元化城市的城市人口规模较大，这代表了中国城市目前的公共交通市场产权结构现状。按照城市人口规模划分，市辖区年平均人口为 30 万～50 万的城市有 3 个，50 万～100 万的城市有 7 个，100 万～200万的城市有 5 个，200 万～300 万的城市有 4 个，300 万～400 万的城市有 4 个。23 个样本城市中，湖北省孝感市从 1991 年起，实行单车租赁承包经营。在落实公交公益性时，存在线路调整阻力大、驾驶员管理难到位、安全隐患大、服务质量提高难和群众意见大等问题。2017 年孝感市政府采取"收购＋补偿＋出路"政策，城区公交全部收回国有公营，极大地改善了公共交通服务质量。本研究对孝感市生产效率进行分析时，将其产权结构形式定为国有垄断，但效率值反映的却是单车租赁承包经营时的情况。

4.3.2　效率值分析

1. 样本城市效率值

利用 SE-DEA-Gini 效率测算方法，测算得出 23 个样本城市 2009—2015年的效率值（见表 4－5 所示）。从测算出的效率值看，城市公共交通系统效率呈现非均衡状态，各城市效率值具有较为明显的差异性。混合多元化城市具有最高效率，而民营垄断城市效率最低。在 23 个样本城市中，深圳（0.81）和厦门（0.83）两市均值最高。然而，这 2 个城市政府采取的是不同的产权结构形式，深圳市为混合多元化产权形式，而厦门为国有垄断化经营。此外，23 个城市中效率最低（0.03）的有梅州、许昌和揭阳 3 市，这 3 个城市的产权结构主要以民营为主。

表 4 - 5 产权结构形式与效率值

产权形式	城市	2009 年	2010 年	2011 年	2012 年	2013 年	2014 年	2015 年	均值
国有垄断	通化	0.18	0.17	0.17	0.17	0.16	0.14	0.14	0.16
	株洲	0.21	0.25	0.16	0.19	0.17	0.21	0.16	0.19
	孝感	0.07	0.1	0.1	0.13	0.12	0.12	0.14	0.11
	金华	0.07	0.07	0.07	0.05	0.06	0.08	0.09	0.07
	张家界	0.16	0.16	0.16	0.16	0.1	0.1	0.28	0.16
	十堰	0.26	0.26	0.24	0.23	0.21	0.21	0.32	0.25
	秦皇岛	0.22	0.19	0.17	0.17	0.17	0.16	0.23	0.19
	厦门	0.74	0.89	1.1	1	0.85	0.84	0.4	0.83
	青岛	0.25	0.24	0.22	0.31	0.28	0.28	0.23	0.26
	均值	0.24	0.26	0.27	0.27	0.24	0.24	0.22	0.25
国有控股	吕梁	0.04	0.03	0.03	0.02	0.02	0.04	0.03	0.03
	葫芦岛	0.22	0.18	0.18	0.17	0.21	0.2	0.28	0.21
	巴彦淖尔	0.08	0.1	0.12	0.11	0.11	0.17	0.16	0.12
	均值	0.11	0.1	0.11	0.1	0.11	0.14	0.16	0.12
民营垄断	梅州	0.08	0	0.02	0.02	0.03	0.03	0.03	0.03
民营控股	许昌	0.04	0.04	0.03	0.03	0.01	0.02	0.02	0.03
	漯河	0.21	0.27	0.28	0.3	0.26	0.19	0.22	0.25
	洛阳	0.14	0.19	0.18	0.2	0.17	0.15	0.13	0.17
	揭阳	0.02	0.02	0.04	0.01	0.04	0.04	0.03	0.03
	佛山	0.37	0.47	0.43	0.5	0.48	0.47	0.24	0.42
	均值	0.14	0.17	0.16	0.18	0.17	0.15	0.11	0.15
国有	无锡	0.21	0.24	0.26	0.26	0.26	0.27	0.19	0.24
	茂名	0.04	0.05	0.04	0.05	0.06	0.11	0.13	0.07
	均值	0.125	0.145	0.15	0.155	0.16	0.19	0.16	0.155
混合多元化	东莞	0.59	0.59	0.55	0.51	0.47	0.43	0.08	0.46
	深圳	1.15	0.96	0.95	0.91	0.74	0.75	0.22	0.81
	长沙	0.48	0.28	0.34	0.38	0.36	0.25	0.23	0.33
	均值	0.74	0.61	0.61	0.6	0.52	0.48	0.18	0.53

2. 研究假设验证结果

根据研究假设,对9个国有垄断产权结构形式城市、8个股份制产权结构形式城市(包括3个国有控股城市和5个民营控股城市)和3个混合多元化产权结构形式城市(包括东莞、深圳和长沙)的效率值进行比较分析。分析结果表明,混合多元化产权结构形式的城市效率值最高,而国有垄断城市效率值居中。三类城市效率值见图4-2所示。

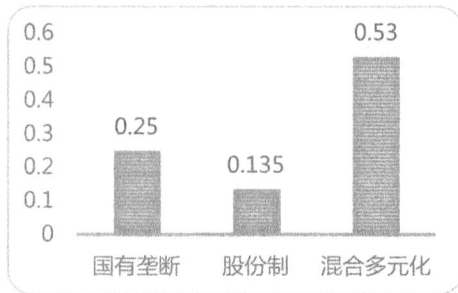

图 4-2　三类城市的平均效率值

针对国有垄断生产效率一定低的假设,从此类样本城市的均值看,并不支持这个假设,而且数值也不支持股份制生产比垄断生产效率高的假设。最后,从效率值结果看,混合多元化生产效率最高的假设得到支持(验证结果见表4-6所示)。

表 4-6　验证结果

验证假设	效率值对假设的支持
假设1:国有垄断生产效率一定低	不支持
假设2:股份制生产比垄断生产效率高	不支持
假设3:混合多元化生产效率最高	支持

3. 结果讨论

对上述三个假设,只有混合多元化生产效率高的假设获得支持。混合多元化生产效率之所以高,是因为城市公交市场存在一定的竞争环境,即市场上同时存在多个不同产权结构形式的公交企业。国有垄断生产效率较高的原因在于规模效益显著。以厦门市为例。厦门是中国著名的旅游城市,2016 年全年接待国内外游客达到 6 770.16 万人次,具有非常大的市场规模。从厦门公共交通投入和产出市场规模看,均居 23 个城市之首,具有典型的规模报酬递增效应。虽然厦门公共交通是国有垄断产权形式,但是由于市场规模庞大,也表现出了制度安排的高效率。在规模不经济情况下,需要完全竞争市场结构,而在规模经济条件下,需要寡头垄断市场。否则,就会出现市场结构错位或匹配扭曲,不利于产业的健康发展(汤吉军、郭砚莉,2012)。

在 23 个城市中,梅州市是民营垄断城市。实际上,2007 年以前,梅州市公共交通为国有垄断经营,车辆设施由政府投入,企业亏损由政府兜底。由于企业亏损严重,政府压力大,2007 年梅州市公共交通进行了改革。通过招投标方式,由民营企业独资成立城市公共汽车有限公司,取得了城区公共汽车客运项目的特许经营权,从事公共交通运营。从梅州市 2009—2015 年的效率值看,效率一直处于较低水平。

4.3.3　影响效率值的因素分析

以深圳和厦门为例,两市采取了不同的产权结构形式,但两者效率值均非常高。从单个城市看,产权形式并不能直接决定特许经营制度安排效率,无法得出城市公共交通市场哪种产权形式最优结论。但从中国公共交通市场整体看,产权形式对制度绩效的影响是可预期的,即混合多元化城市市场效率相对较高。混合多元化城市市场效率高,这是因为市场存在一定程度的竞争。为什么会出现单个城市和群体城市的研究结论具有差异性呢?中国许多大中城市只有一家国有垄断公交企业提供服务,产权残缺现象严重,而且生产效率与市场规模相关。因此,单独用生产效率解释产权形式与特许经营制度安排效率之间的关系就会出现单个城市与群体城市研究结论的差异。除了竞争,产权残缺和市场规模等因素都会影响产权效率。

1. 竞争

竞争通常是对产权效率进行研究的一个约束条件。对公共事业来说,产权本身并不能决定其效率,只有引入竞争机制,才能够带来效率的提升。科斯1960 年认为:没有任何理由认为,政府在政治压力影响下产生而不受任何竞争机制调节的,有缺陷的限制性和区域性管制,必然会提高经济制度运行的效率,但同样也不能认为这种政府行政管制不会导致经济效率的提高(科斯等,

2014)。

多纳休(Donahue)1989年认为"私营企业在市场竞争环境下，通常比官僚结构更富有效率，但是由此推论在缺乏竞争和市场检验情境下，私人组织依然能保持高效率是一种理想主义的观点"(休斯，2015)。对公共交通行业来说，在没有竞争约束条件下，不能贸然否定国有企业的内生性和效率性，也不能夸大民营企业提高公交绩效的能力，产权效率还取决于是否有竞争。

2. 产权残缺

德姆塞茨(1988)认为产权的残缺可以被理解为是对那些用来确定完整的所有权权利束中的一些私有权的删除，在一定意义上限制了可让渡性而保留了排他性。在此基础上，本研究认为界定产权是否残缺可从两个方面考虑：一是产权束(即使用权、收益权和转让权)是否完备；二是所有权权利束中私有权是否被削弱，只要产权存在任意一个方面的问题，就可以认为存在产权残缺现象。从产权残缺角度分析制度安排效率，中国城市公共交通产权方面存在两个明显问题：产权束不完备；私有权的削弱。国有垄断经营的城市，进入壁垒高，私人公交企业被限制进入，排他性强。

由于公交票价的管制，对国有公交企业来讲，除了收益权受到限制外，其转让权也被管制，同样国有控股或参股企业的转让权也受到一定的限制。理论上，由于收益权和转让权的缺失，外部性增大，国有垄断运营城市效率一定低。而公私合营城市由于转让权被部分限制，其效率会高于国有垄断城市。对多元化城市公共交通市场来说，由于具有竞争性，且存在私有产权，产权相对完整，与国有垄断和公私合营产权形式城市相比，其效率一定高。但从中国城市公共交通整体发展现状看，由于多数大中城市公共交通属于国有垄断产权形式，产权残缺现象严重，因此效率不高，这也是中国城市公共交通分担率低的重要原因之一。

3. 市场规模

经济学观点认为，规模经济和范围经济能够带来生产效率的增长，而市场规模大小是决定规模经济的重要因素。城市公共交通具有边际成本不断降低特性，即当将其提供给某一消费者的同时又提供给另一消费者时，其成本会降低。如果市场规模足够大，边际成本趋于零。公共交通这种规模经济特性使政府愿意对市场进行干预，如中国政府实施的公交低票价政策。

特许经营制度下,政府提供公共交通基础设施,有的城市公交车辆也由政府提供。在这种背景下,选择公共交通出行人数越多,公共交通系统生产效率越高,即规模效益越显著,政府资金的利用率越高。市场规模决定一个城市的公交系统生产效率。

4.4　本章小结

对 23 个不同产权形式的样本城市公交系统效率进行了对比分析,得出以下结论:①对单个城市来讲,市场规模比产权形式更能带来效率的提高,因此,当规模经济存在时,城市可采用国有垄断化产权形式;②当规模经济不存在时,民营企业参与形成的竞争机制会发挥作用,能够降低产权残缺程度,建议采用政府购买服务机制;③城市应根据人口规模采用混合多元化产权结构形式,设立 1～3 个公交企业,适度竞争环境有利于城市公共交通的发展。公共交通具有规模经济属性,属于自然垄断行业,政府进行管制时,需要考虑规模经济的获得。

中国公交行业一度放松规制以利于竞争和民营企业进入。然而,从公交民营化改革实践成果看,单纯的所有权变更并不能取得良好的绩效,产权不是解决效率的唯一手段。因此,产权激励理论是否适宜在中国公交行业应用仍需深入探讨。从国有经营模式到民营机构参与市场经营,再回到国有垄断模式,许多城市公共交通经历了从一种产权制度到另一种产权制度的变迁。显然,只有所有权改革并不能带来公共交通整体绩效的提升。中国城市公共交通改革主要以所有权变革为重点,如果单纯地从所有权转变就能推出绩效改善,显然与中国公交发展实际不符。

第 5 章　服务供给的垄断与竞争

5.1　公交行业垄断本质

特许经营是政府购买公交服务建立的基础。特许经营允许通过市场竞争机制选择市政公用事业投资者或者经营者,即任何产权形式的企业都可以参与公共交通市场经营。由于中国公交发展历史上出现过民营化导致过度竞争和公益政策难以落实问题,因而目前公交行业国企内生性现象严重,自然垄断与行政垄断叠加是中国城市公交行业具有的典型特征。政府购买公交服务制度实施初衷是提高行业服务效率和能力,显然,一个垄断的公交市场是不能担起重任的,城市政府必须考虑垄断与竞争问题。

5.1.1　公交行业性质

1. 自然垄断

如果没有一家企业或消费者能够影响整个市场价格,这就是经济学意义上的完全竞争。然而,实践中完全竞争例子很少,大多数都是不完全竞争。在不完全竞争范围内,垄断是不完全竞争的极端形式。与公共事业相关的垄断通常指自然垄断,主要指行业中只有一家企业能够有效率地进行生产,效率与产出规模相关。一个行业一旦被认定是自然垄断行业,垄断就是合理的,开展自由竞争就不适宜,需要政府用强制手段,控制行业的市场准入、控制竞争,以保护行业以适当规模经营(王学庆,2003)。城市公共交通随着乘客人数的增加,边际成本趋于零,具有规模经济特征,通常被认为属于自然垄断行业。

城市政府通过特许经营权对进入公交行业的企业数量进行管制,这就是目前中国城市要么只有一家国有公交企业提供服务,要么只有少数几家企业同时提供服务的原因。因此,中国公交行业除了具有自然垄断属性外,还具有明显的城市行政性垄断特征。

2. 行政性垄断

城市行政性垄断是指在一个城市中只有一家或少数几家企业提供公共服务,这种垄断与行政权力的使用相关。2004 年中央政府提出城市公共交通优先发展战略,确定城市政府为公交发展的责任主体,城市财政资金补贴公交企业运营。在公交优先发展过程中,政府必然行使其行政权力(如特许经营权)对公交市场准入、运营和退出进行管制。政府管制的结果是:中国许多城市是国有垄断公交企业。

垄断企业在不存在市场竞争机制约束的状况下,就会放松内部管理和技术创新,从而导致生产低效率。即在缺乏竞争的环境中,垄断企业不可能自觉追求高效率,其结果是实际效率与最大可能效率存在相当大的偏差(王俊豪,1998)。中国公交行业效率低与实践中的垄断行为有着密切的关系。

5.1.2 国企的内生性

公共交通是公用事业,公用事业主要考虑公共利益,为民众提供必需的产品和服务,具有区域经营垄断性和政策约束性等特征,这是否意味着公共交通服务必须由国有企业提供呢?事实上,购买公共交通服务的国企内生性问题一直存在争议,但从公益性落实和监管成本低角度看,国有企业具有明显的优势。

1. 国有企业更有利于公交公益性的实现

公交公益性意味着低票价、低收入,这与民营企业以收益最大化为目标的经营理念相违背。然而,国有企业不同。公共企业是政府利用其权力建立企业以向公众出售商品和服务。政府建立公共企业的原因包括:纠正市场失灵、改变经济中的支付结构、推动中央集权的长期经济计划,以及经济性质由资本主义转为社会主义。公共企业担负着诸多使命,而不是仅仅局限于盈利(休斯,2015)。

从本源来看,国有企业的"天性"就是经济与政治的混合。可以依据国有企业所处领域和主要功能的不同,将其分为公益性国有企业与营利性国有企业。公益性国有企业本质上就是政府职能的延伸,是政府保障其经济政策得以实施、其经济调控职能得以履行的重要手段和工具(顾功耘、胡改蓉,2014)。国企的存在并不是以利益最大化为唯一目标的,它还要"推动中央集权的长期经济计划"。城市公共交通优先发展是国家发展战略,只有公交国有化才能与公交优先发展战略目标契合,实现公交公益性。因此,所有权从民营变更到国有控股/参股,或国有化,能更好地实现公交公益性。

2. 政府对国企的监控成本更低

许多学者认为公共交通市场民营化能够降低运营成本,提高行业效率,这也是公交市场化改革的原因。然而,政府购买民营企业服务时,由于信息不对称问题客观存在,政府需要花费更多时间和精力搜索相关信息,在合同签订和监管等方面存在更高的交易成本。相比之下,国有企业职能的特殊性决定了这些企业事实上难以做到完全的"政企分开",政府和企业的关系不纯粹是股权与法人财产权的关系,为保证其公益性目标的实现,政府会较多地介入企业的经营管理活动中(顾功耘、胡改蓉,2014)。由于国企的设立受到政府的制约,政府对国企信息更容易获得。同时,国企的"公益性"性质也决定了其不能以经济利益最大化为目标进行生产,那么政府在合同签订和监管等方面就相对容易些。从降低交易成本角度看,国有公交企业就是一种内生性的制度安排。

如果将"搜索信息成本、谈判和决策成本"定义为事前交易成本,将"监督和执行成本"定义为事后交易成本。从事前交易成本分析,由于政府对国有企业的信息获取相对容易,而且谈判成本低,事前交易成本较低,这也是为什么许多城市公共交通采用国有产权或国有产权控股的重要原因;从事后交易成本看,政府对公交企业运营进行财政补贴和服务水平监控,均需要投入资源,以便更好地监督运营商行为。但国有垄断经营并不能因为政府与企业事前交易成本低,就表现出明显的高效率,这还取决于政府的补贴政策、激励机制和竞争机制的设计。

5.2 公交市场竞争需求

经济学观点认为,只有存在竞争的市场,才能实现资源的有效配置。虽然公共交通运营国有化有利于资源配置、线路优化和抑制过度竞争,但一个不争的事实是市场由于缺乏竞争机制可能导致服务水平和生产效率低下,需要政府投入更多的财政资金购买服务。公共交通是准公共物品,为了提高行业效率,公交市场需要引入竞争。政府应该建立竞争规制,在合同类型、合同周期、选择供应商准则等方面进行规定,确保竞争的正当性和公平性。

5.2.1　行业效率

许多研究认为政府购买服务能否带来效率具有不确定性,在缺乏竞争的购买服务中,还存在着机会主义、低效、供应商垄断等种种风险(周俊,2010)。而且,政府购买服务过程中,存在需求方缺陷和供给方缺陷。需求缺陷主要表现在获取信息难度大、监管成本高,以及政府独立性削弱等方面,而市场缺乏竞争环境是必须面对的供给方缺陷(詹国彬,2013)。

1. 打破垄断

市场竞争理论认为,如果是公共服务领域出现的问题,走出困境的办法既不在于鼓励政府扩大也不在于增加预算来奖励政府官僚,而是要用强有力的竞争来代替政府的垄断做法(项显生,2014)。为了实现公共资源配置效率最大化,提高财政资金的使用效率,中央政府提出要发挥市场机制作用,建立政府购买公共交通服务制度。在政府购买服务机制具体落实到公交方面时,特别强调按照特许经营形式对具有资质和符合服务要求的企业实施购买服务,并根据企业提供服务的数量和质量,按照一定的标准进行评估后支付服务费用。

显然,特许经营制度是政府购买服务的基本制度。特许经营制度是一种为打破垄断而运用竞争机制的选优制度,旨在提高城市公用事业的经营效率(王俊豪、陈无风,2014)。特许经营强调使用竞争机制选择市政公用事业投资者或者经营者,竞争是制度实施的基础。提供服务和补贴运营成本的持续增加已经迫使世界上许多城市政府对公交行业进行改革,对不同国家改革结果的验证表明竞争性投标通常能产生行业成本下降和补贴水平下降(Ida and Talit,2017)。

2. 资源有效配置

城市政府在规范公共交通服务价格和服务水平的同时,还需引入竞争机制,改善资源配置效率。竞争会使社会资源的利用更有效率,也会淘汰生产效率较低的企业,没有竞争就没有市场资源的优化配置。公共产品供给市场化、民营化与社会化,是政府购买公共服务的主要目标。政府从公共产品的直接提供者、生产者转变为安排者、购买者,可以摆脱政府直接生产成本高、效率低的困境(李军鹏,2013)。

特许经营制度实施的关键是公共交通市场有若干个竞争者。新加坡政府积极培育公交市场竞争环境,除了与本土公司签订运营权外,还积极引进国外公交公司进入新加坡公交市场,目前新加坡地面公交市场经营者共有四家(两家本土,两家国外)。理论上,竞争者类型可能包括国内和国外、国有或民营企业等,因此,特许经营者的选择关键在"特许"两字,政府要把握好经营者需要的是哪些类型的企业和具备什么样的资质,实行准入规制。

5.2.2　产权效率

产权问题是特许经营制度实施的核心问题,而竞争是特许经营制度实施的前提。然而,目前中国许多大中城市并没有建立竞争机制,城市产权形式单一。中国城市政府无论是对运营商运营成本测算与补贴,还是服务监控使用的手段与方法,并没有产权形式的差别,成本规制和绩效评价制度适用于任何产权形式的公交运营企业。在经济学界,形成了关于所有权和市场竞争谁是更重要的决定绩效的因素的争论。对于具有垄断性的产业,消除行政性或制度性的市场垄断是决定性的,否则无法对具有这种垄断地位的企业产生竞争压力,不管是国有还是民营,没有市场竞争压力的企业都是不可能具有效率的(刘小玄,2003)。

2002年特许经营制度推出后,许多城市尝试引入民营资本,进行市场化改革。虽然民营资本的进入,增加了市场竞争性,但也使城市政府不得不面临竞争无序和恶性竞争的问题。有研究认为公交民营化改革失败源于政府责任的缺失,而不是民营化本身。民营化是在国企公交不能满足公众出行需求时进行的改革,中国许多城市公交民营化改革之所以失败不是因为公交作为公益事业与民营资本对利润的追逐存在天然矛盾,而是政府责任的缺失(章志远,2009)。市场导向的多元化产权形式由于引入了竞争,其效率要高于政府导向的垄断化和混合化产权形式。

5.3　政府管制：产权、合同与竞争

斯蒂格利茨2001年认为如果要让市场的运转充满效率,必须确立并明晰产权;必须存在有效的竞争,反对垄断;必须对市场充满信心,这意味着合同必须履行,反贪腐法律有效实施,反映广泛接受的行为规则(休斯,2015)。政府购买公交服务在解决垄断与竞争问题方面,应该着重在确立产权、履行合同和引入竞争三个方面进行政府管制,设立准入、合同和竞争规制。

5.3.1　公交行业管制

1.管制手段

公共交通的规模经济特征表明其垄断行为具有一定的合理性,采用完全放开竞争的市场化政策并不合适。当市场失灵时,即公交行业效率低下时,政府应该采取管制措施,而且必须进行管制。政府可以通过法律手段和经济手段对公交行业进行管制。法律手段方面,中国出台了许多与政府购买公共交通服务相关的法律法规,如《中华人民共和国政府采购法》《中华人民共和国政府采购法实施条例》,以及地方政府出台的相关管理条例。依照这些法律规范,能够很好地约束政府、专家和供应商行为。

经济管制内容主要包括市场准入、价格与质量和服务标准三项。严格管制价格,就必须严格管制商品或服务的质量,若不严格管制,垄断企业就会通过价格不变而降低商品或服务质量,用降低成本的办法变相涨价,获取垄断利润(王学庆,2003)。城市公共交通票价实行政府定价,任何公交企业不得擅自调整公交票价。如果政府需要调整公交票价,必须依法进行定价成本监审和价格听证。中国实行城市公共交通优先发展战略,将公共交通属性界定为公益性,严格控制公共交通票价,限制了公交企业的收益权,结果是公交企业普遍发展动力不足。

2.规制范围

为了获取规模效益和培育适度竞争环境,政府特许经营的企业数量应当限制,而且必须进行政府管制。由于国有公交企业运营无法实现真正意义上的政府管制,政府可通过将国有企业管理业务外包方式,使政府与企业成为不同利益主体,政府对国有企业的管理团队进行管制。

政府购买公共交通服务时,需要明白产权形式并不能完全决定行业效率,而且政府购买公交服务并不能完全以效率为唯一目标,还需考虑公交的公益属性。因此,任何产权形式的企业都可以进入公交市场,关键是政府要在准入、合同和竞争三个方面进行规制。政府在选择运营商时,要注意进入壁垒的设置,尽量让更多企业能够参与投标和竞标;政府通过公开选择机制,特许几个运营商同时从事公交服务,通过合同规制约束运营商运营行为,并对运营商进行绩效监管;由于公共交通是准公共物品,具有有限的排他性,而且规模效益对政府成本降低有益,因此,一个公交市场上的运营商数量不宜过多,适度竞争环境有助于公交规模经济效益的获得和行业的发展。

5.3.2　确立产权

1. 产权形式选择

在政府管制时，是否一定要进行国有企业的民营化改制呢？通过定义和强制产权实施就能获得效率是不现实的，不仅产权定义困难，执行也会带来高成本，而且产权运营要与合同和组织结合（Williamson，2015）。许多研究认为从政府管制有效性角度看，需要民营化代替国有化。建立规范的政府管制制度，使政府与垄断企业成为不同利益主体，就是垄断企业不能是国有企业、不能是政府所有的企业，为此对现有国有垄断企业进行民营化改造，使其成为不是政府所有的企业（王学庆，2003）。但是，公共交通具有公益属性，国有化公交企业还肩负着公交公益性使命，这与通常情况下的获利性国企有着本质的区别。

当政府拥有一些类型的公共企业所有权时，这些企业便不会向公众提供优厚的福利。换言之，在一些公共利益实现上，私人拥有所有权，并辅以政府管制可能比政府直接掌握企业所有权发挥更大的功效（休斯，2015）。这些认为民营化才是出路的观点并不一定适用政府购买公交服务的政府管制中，原因主要有两个：一是公交民营化虽然能够降低运营成本，但增加政府与运营商之间的交易成本，可能导致公交公益性难落实；二是公交规模经济性限制了供应商数量，也可能导致民营垄断，无论国有垄断还是民营垄断都会存在效率问题。公共管理私有化、民营化，其本身也不是万能的，并不能有效克服"政府失灵""市场失灵"所带来的问题，不少国家在社会公共管理私有化、民营化方面，仍持谨慎态度（项显生，2012）。

2. 考虑的因素

产权的确立需要考虑市场竞争和规模经济效益。国有产权结构与具有垄断特征的市场具有较大相关性，而非国有产权结构则与小规模的原子式的竞争市场更为相容（刘小玄，2003）。理论研究表明政府购买公共服务效率的获得，需要引入竞争机制，而竞争机制的引入又会削弱自然垄断行业的规模经济效益。

对城市公共交通来讲，其规模经济属性使其垄断经营更具效率。如果再从公交公益性落实角度出发，国有公交也是一个很好的选择。但国有垄断并不代表只有一家公交企业运营，根据城市人口规模大小可同时存在几家国有公交企业，企业管理团队可通过公开招标选择。对不能形成规模优势的中小城市来说，可利用公交民营化带来竞争。

3. 产权多元化

政府购买公交服务以特许经营制度为基础,而特许经营制度只是强调竞争机制的使用。如果市场上同时存在几个国有公交企业,能够形成竞争机制的话,政府没有必要一定要将国有化变成民营化,把公共事业交给民营企业运营。此外,与地方政府建立政治联系的民营企业存在获取财政补贴效应越强,企业的经营效益和社会贡献越低的问题,说明企业获得的财政补贴是寻租的结果,而无政治联系的企业获得的财政补贴具有一定的效率促进作用(余明桂、回雅甫、潘红波,2010)。因此,政府购买公交服务在准入规制中,无须考虑产权形式问题,任何产权形式(国有、民营、股份制和外资等)的企业都可以进入公交市场,形成竞争态势,这样有利于政府挑选出合适的供应商。无论哪种产权形式的特许经营商,政府都需要对其合同履行进行监督。

5.3.3 履行合同

当有多个可供选择的供应商时,城市政府通过公开竞标形式选择符合资质要求,而且能够提供优质服务的供应商,并授予供应商特许经营权,签订特许经营合同。

1. 合同签订的必要性

政府通过合同方式对运营商形成明确的契约约束,以便于绩效管理与监督。由于环境因素中充满不可预期性和私人信息不对称,交易双方均要将未来的不确定性和复杂性纳入契约条款中,就会增加签订契约的谈判成本,交易难度增大(汤吉军、郭砚莉,2012)。民营企业的运营依赖于合同,而对国有企业来说,政府可能购买管理团队提供的服务,同样需要签订合同。合同一旦签订,就必须履行,合同履行需要适当的制度保障。在一个法治社会中,合同履行的相关制度是比较完善的,能够实现有法可依。因此,合同履行的关键是合同条款的齐全,这需要政府对购买公交服务合同进行规制。

2. 合同规制

特许经营的过程蕴涵着十分复杂的法律关系,需要通过详尽的合同记载各方的权利义务。实践中很多特许经营合同条款不全,有的甚至以口头协议代替,从而使特许经营纠纷的理性化解笼罩着阴影(章志远,2009)。合同规制的主要目的是提高合同的完备程度。为了更好地实行政府管制,需要合同中包括权利义务、特许经营权使用费和合同争端解决机制等条款。由于中国城市公交票价受到严格管制，为了防止企业因此降低服务水平，政府需要将与服务质量相关的奖惩机制条款写入合同中。

此外，在合同内容设计方面，还要关注激励对信息不对称相关问题的规避功能。道德风险是信息不对称可能产生的问题之一，对这个问题的解决，委托人设计一个或一系列的最优的激励合同以诱使代理人的行动不会因为委托人不能观察后者的隐蔽行动（或获得后者的隐蔽信息）而损害委托人的利益（曹国利，1998）。合同内容应能全面地公平地反映政府与运营商之间的权利、责任、利益、成本和风险的分担情况。

5.3.4　引入竞争

虽然公共交通市场属于不完全竞争，政府起到关键作用，但是，特许经营制度的实施意味着市场需要对竞争者开放。政府购买公交服务可分为两个关键阶段，一是供应商选择阶段，二是供应商运营阶段。阶段不同，竞争机制的引入方式也不同。推行公交特许经营，并且在更广的范围内探索和发展"公私合作"，应当是公交产业引入竞争机制的主要模式（汪晓春，2006）。

1. 选择阶段的竞争引入

供应商选择是最能体现竞争的阶段，供应商来源决定公交市场引入竞争的成败。政府购买公共服务往往因缺乏可供选择的承包商而形成新的垄断——市场垄断，从而不仅减弱了私营部门改进服务质量和提高服务效率的动力与压力，而且加大了政府对私营承包商过度依赖的风险（杨安华，2014）。2007年，迫于企业亏损严重和政府财政压力大，广东省梅州市引入民营资本，从国有垄断经营变成民营企业独资运营，形成民营垄断局面。

德姆塞茨1968年认为，如果存在几个可以完成项目的备选企业，就可以得出竞争性的报价。这种想法的目的是保证生产的效率，并且通过选择最有效率的企业来降低成本（拉丰、梯若尔，2014）。因此，在供应商选择阶段，政府可通过准入规制的设立，尽可能地吸引多个供应商参与投标，从中选择合适的运营服务商。虽然竞争对公交行业效率提升固然重要，但是，自由的市场竞争不能确保有效率的公共交通服务所需的一切条件，政府必须干预。

2. 运营阶段的竞争引入

政府购买公交服务将公共服务的提供者与生产者进行分离，政府只承担提供者的角色，并作为委托人将生产任务交由运营商完成。政府购买公交服务的另一个关键阶段就是运营阶段。由于已经在选择阶段确定了运营商,因此这个阶段政府的主要管制任务就是监督运营商的服务质量。促成运营商不断改善服务质量的关键是同时有多个运营商提供公交服务,运营商之间形成竞争,通过竞争提高公众满意度。

"公交引入竞争机制"并不等于"成立多家公交企业"。对于特许运营商而言,竞争机制意味着必须注重服务质量和降低运营成本,否则就可能被取代。政府通过公开选择机制,特许多个运营商从事公共交通服务,并对运营商进行绩效监控。公交市场上多个运营商的存在,必将形成竞争,最终为消费者带来高效优质的公共交通服务。

5.4　本章小结

具有规模经济特征的公共交通被广泛认为属于自然垄断行业,国有垄断企业经营公交成为中国城市的普遍现象。然而,政府购买公交服务是以特许经营制度为基础的,这就需要对垄断与竞争进行权衡。政府购买公交服务机制设计首先必须解决竞争与垄断问题,而公交的规模经济性、公益性与国企内生性是解决竞争与垄断问题需要考虑的关键要素。确立产权、履行合同和引入竞争是政府解决服务供给的垄断与竞争问题的三个重要方面。在购买服务时,政府与公交企业必须签订合同,而公交企业必须履行合同。合同一旦签订,就应该受到法律保护,因此,完备的法律制度对政府购买服务制度实施非常重要。

从中国公交改革经验看,完全开放的公交市场并不能带来更高的效率,也不能保障公交公益性的落实,适度竞争机制的建立将有利于解决竞争与垄断问题。适度竞争机制可体现在政府购买服务的两个关键阶段中:供应商选择阶段通过设定准入规制,吸引更多的供应商竞标;运营阶段要考虑规模效应和竞争的有序性,特许经营企业数量不宜过多。政府购买服务制度建立的目的是提高行业效率,而效率的改善涉及多个因素的相互影响和相互作用,是一项复杂的系统工程。改善公交行业效率,需要合适的产权加上必要的竞争机制,以及政府的强有力管制。

第6章　服务购买的成本与定价

6.1　公共交通成本

公共交通成本取决于城市发展类型、政府采纳和定义的服务标准。政府补贴公共交通有两个基本理由：①与私家车相比，公共交通具有更低的边际社会成本；②提供公共交通的社会成本存在规模经济性（Muñoz and De Grange，2010）。城市公共交通是准公共物品，提供公共交通服务是城市政府的基本职能，政府是公共交通发展的主体，但这是否意味着城市政府应该承担公交系统运营的大部分成本呢？

6.1.1　成本分类

1. 财务成本

公共交通系统运营过程中，发生的总财务成本主要由三部分组成，即公众出行成本、运营商成本和政府成本，其中，公众出行成本主要包括车费、等待与换乘时间成本，以及与舒适、安全与服务可靠性相关的成本等；运营商成本主要包括车辆购置成本、运营成本和财政贷款成本等；政府成本主要包括基础设施建设成本、行业监管成本、财政补贴和公众信息系统建设与维护成本等（Muñoz and De Grange，2010）。理论上讲，公共交通票价的制定要能够覆盖这些成本，并有一定的盈余。

为了更好地理解三大成本之间的相互作用关系，本研究将公共交通系统成本分为需求成本和供给成本两类：

（1）需求成本即公众成本，是由票价和选择公共交通出行的时间成本决定的。减少公众出行时间成本是降低公众成本的基本途径，需要政府为公众提供更好的出行环境，如加大公共交通基础设施建设投入力度和运营商公共交通服务水平的改善。

（2）供给成本为运营商成本和政府成本。运营商通过购买更舒适和更安全车辆改善服务水平时，会增加运营商车辆购置和贷款成本；政府成本的增加在于为公众提供更好的公共交通出行网络，投入更多成本对运营商服务水平进行监管和维持运营商运营，以及补贴公众出行成本。无论是车辆更新、基础设施建设，还是公共交通网络优化，目的都是为公众提供更好的出行环境，降低公众成本。

从上述分析可以看出，低票价和高服务水平是公众选择公交出行的基本需求。从供需平衡角度讲，政府供给应该满足公众需求。然而，满足公众需求必然导致政府财政资金投入的增加，从而导致政府成本的升高，因此政府需要在满足公众需求与政府成本升高方面进行权衡。

2. 政府成本

在政府成本的开支范围中，财政补贴是最引起关注的部分。为了降低社会公众出行成本，各地都实行了换乘优惠、学生票优惠，以及老年人和残疾人免费乘车等政策，有些城市还对刷卡进行补贴。北京、上海公交人次成本都超过 4元，而企业实际票价收入不到成本的一半。要维系公交运转，就靠政府每年对常规公交的高额补贴，近年北京 200 亿元、上海 90 多亿元、深圳 70 亿元、武汉20 余亿元、成都近 30 亿元。据初步统计，全国每年政府为公交企业补贴 800亿～1 200 亿元（黄凤娟，2018）。中国实行的低票价政策，使公交企业普遍处于亏损状态，只有靠政府财政补贴才能维持运营。

除票价差额补偿外，政府对运营商补贴还包括燃油补贴和运营成本补贴。运营商运营成本补贴占政府财政补贴支出的比重很大，一般为 50% 左右，而且呈现逐年上涨趋势。公交公益性背景下，即使公共交通服务水平没有改善，低票价政策实施也使政府成本增加，票价越低，政府补贴越多。此外，低票价政策使公共交通系统中的公众成本、运营商成本和政府成本之间不能各自独立，而是具有一定的关联性，这也增加了公共交通系统管理的复杂程度。

3. 公众成本

公众成本最重要的组成成本是票价，票价核定与国家和地方政府政策相关。票价核定涉及票价制式，票价制式（简称票制）是指城市公共交通车票价格体系的结构或形式，是确定具体车票价格的基础。在制定公交票价时，应首先确定合理的票价制式。目前，公共交通票制以出行时间、出行距离或出行区域等为考虑因素，一般可分为单一票制、计程票制、分区票制、分时票制和一票制等多种类型，不同票制各有其优缺点。现有地面公交票价中，有的城市公共交通免费、有的城市基础公交票价为 1 元，特大城市公共交通基本票价多为 2 元。如果市民使用公交 IC 卡，还有 5～8 折的优惠（城市不同、优惠折扣不同）。目前，中国政府虽然从宏观层面上对地面公交票价制定设计了基本原则，但城市在实施过程中仍缺乏具体的规则可循，各地票价制定比较随意。

票价问题是城市公共交通优先发展的核心问题和敏感问题，低票价固然能够减轻社会公众的出行成本，但是却使城市政府财政压力增大，运营商自我服务改善能力下降。而且，低票价到底要"低"到什么程度，如何定义低票价，直到目前也没有一个明确的可参考的票价制定规则。

4. 购买服务成本

在政府对运营商的补贴资金中，运营成本补贴所占比重最大。政府购买公交服务是从事后对运营商运营成本补贴转到事前的服务购买。本质上，政府购买的是运营商提供的服务，因此运营商成本决定了政府购买服务成本的高低。

运营商成本主要包括车辆购置成本、运营成本和财政贷款成本等。在这些成本中，有些运营成本（如车辆维修用的基本生产资料成本、职工工资，以及职工养老、保险和医疗等费用）是完全市场化的，低票价政策实施使票价严重背离市场价值，企业靠自身能力无法维持运营，因此政府购买服务时必须对这些成本进行考虑。政府购买服务的手段之一是签约外包。在外包前，需要对外包成本进行测算，主要测算支付服务提供者的费用、选择服务者的成本和监督的费用等。将外包成本与政府自己提供服务的成本进行比较，并综合考虑外包的优缺点、服务者的能力等因素，作出是否进行服务外包的评估结论（常江，2014）。服务外包是民营化的一种方式，政府必须依据签订的合同对承包方进行管理。

6.1.2　成本分摊需求

为了更好地服务公众，中国政府对公交票价进行严格管制。2017 年中国政府对公交票价形成进行了规定，即"依据成本票价，并按照鼓励社会公众优先选择城市公共交通出行的原则，统筹考虑社会公众承受能力、政府财政状况和出行距离等因素,确定票制票价"。① 显然,公交票价制定需要考虑两个问题:一是公益属性的低票价与成本票价的权衡;二是考虑政府财政状况与公众承受能力的权衡。这两个问题的本质是政府、公交运营商和公众如何分摊公共交通财务成本。

虽然低票价是吸引公众选择公交出行的重要政策工具,但会减少公交运营商的营业收入。在单一票价情况下,运营商票款收入为乘客人数与票价的乘积,票价降低,如果乘客人数显著增加,不会影响运营商票款收入。但是,从中国低票价政策实践看,票价降低并没有带来城市公交高分担率,而是运营商票款收入显著降低,需要政府加大财政投入才能维持运营。公交系统投入增加,而产出并没有显著增加,政府负担加重。

长期以来,我国一直以政府补贴名义支付给公交经营企业,用于补偿所谓"政策性亏损"。但是,这种补贴方式从名到实,都是值得商榷的,特别是公交经营企业与政府之间,并没有建立一种恰当的权利与义务关系。政府和企业应当是平等的利益主体,权利与义务应当是对等的(顾大松,2019)。实际上,城市政府并不是公共交通成本的唯一承担者,运营商和社会公众也应该承担部分成本。政府、运营商和公众三者之间不同的成本分摊方案形成了提供公共交通服务的票价和服务水平,而票价和服务水平直接影响社会公众的出行选择。因此,合理的成本分摊机制有助于提高公共交通分担率,进而促进公共交通优先发展的可持续。

6.2　公众成本分摊机制

低票价政策是基于降低社会公众成本而设立的公交优先发展政策,政策的连续性源于政府财政资金的持续投入。然而,劳动力成本的逐年升高和低票价长期不变使政府成本随之增加,政府财政负担重。如果不解决目前政府财政负担重问题,即使实施政府购买公共交通服务制度,也无法改善目前的政府窘境。发达国家城市普遍采用票价动态调节机制,建立票价调节与物价、工资水平和政府财政承受能力等相关的公交票价联动机制,缓解政府财政压力。

---

① 　参见交通运输部:《城市公共汽车和电车客运管理规定》(交通运输部令 2017 年第 5 号)。

6.2.1 票价动态调节理论模型

1. 票价调节的理论依据

按照公交票价弹性理论,公交票价与乘客需求之间存在一定的弹性,票价降低能够带来公交出行人数的增加。但公交票价弹性系数的绝对值小于1,弹性不大,乘客人数增加是有一定限度的。公交票价弹性系数绝对值小于1,表明在一定的票价区间内,随着票价的降低,乘客人数会增加;超过这个区间,票价即使再降低也不会带来更多的客运量;同理,票价适当升高也不会显著地降低乘客人数。公交票价与客运量之间的弱弹性关系为票价提高提供了理论依据。如果票价很低,公交效率性并不显著,政府则应该考虑适当地提高票价。

传统上人们将公共性作为政府的唯一属性,认为政府产生与存在的目的就是为了实现公共利益、提供公共服务和创造公共价值。然而,公共选择理论认为政府也是"经济人",其公共性完全由政府自利性衍生而来(周建国、靳亮亮,2007)。城市优先发展公共交通就是社会公平性的体现。这种公平不仅体现在对社会利益的再分配,也体现在政府、运营企业与公众的成本分摊方面。Nuworsoo,Golub,and Deakin(2009)提出票价公平需要考虑的三个准则:

(1)利益准则。公交服务分为几个等级,使用高等级公交服务的乘客能够获得由此带来更大收益,因此与低等级服务相比,需要花费较高的票价;

(2)成本准则。人们使用公共交通服务,应该分摊提供服务的部分成本;

(3)支付能力准则。人们应该支付他们部分财富购买公共交通服务。

很明显,公交票价制定要考虑公众承受能力与公共财政能力,并在权衡两者之间关系基础上进行决策。

2. 理论模型

虽然,政府补贴公共交通运营已成为全球普遍共识,如美国补贴57%～89%的巴士运营成本、29%～89%轨道运营成本,欧洲公共运输系统的23%～50%的运营成本得到补贴,但德国在朝着乘客票价包含运营成本增加部分的趋势已经很明显,从2001年的乘客负担运营成本的6%上升到2012年的48%(Drevs et al.,2014)。从社会最优角度来看,定义有效的票价和补贴越来越受到学者们的认可。

中国城市政府成本增加的主要原因是公交低票价和票价长期不变。2019年5月中华人民共和国司法部公布《城市公共交通管理条例(征求意见稿)》,规

定"制定、调整城市公共交通票价,应当统筹考虑社会承受能力、企业运营成本、
鼓励公交出行等因素"。在公交票价调整时考虑企业运营成本,能在一定程度
上缓解城市政府财政压力。因此,建立以运营商运营成本增加拉动的票价动态
调节机制,将有助于降低政府成本和体现票价的公平性。公共交通票价动态调
节概念模型如图 6-1 所示。

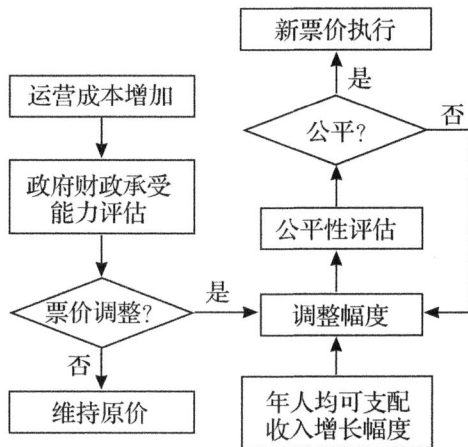

图 6-1　公共交通票价动态调节概念模型

　　图 6-1 表示由于运营商运营成本增加,加大了政府财政支出;政府在综合
考虑社会民生工程的财政投入后,评估政府对公交服务购买的财政承受能力;
如果政府财政压力过大,考虑通过票价调整缓解财政压力。在票价调整过程
中,增加公平性评估,主要对低收入群体的公交出行影响进行评估。在公平性
评估基础上,政府发布公交票价调整方案。新票价执行过程中,仍需对票价方
案进行评价。票价方案实施的评价内容主要包括对公众出行成本和运营商服
务水平等方面的评价,评价结果为下一轮票价调整提供参考。

6.2.2　票价动态调节实施机制

1.调节原理

　　完全市场化产品市场定价策略是价格中包含成本和利润,但是公共交通产
品具有准公共物品特性,是公益性产品,其产品定价(票价)有别于市场化产品。
通常情况下,公共交通票价收益只能覆盖部分运营成本,如英国的票价收入只
占运营总成本的 50% 左右。因此,公交票价制定不能按照完全市场化产品进

行定价。

中国城市公交票价制定应采取在基础票价基础上,定期进行调节原理,即新票价＝基础票价＋调节幅度。城市政府每年根据运营商对运营成本的核算情况决定票价是否需要调整,以及调整的幅度。基础票价是目前城市正在实行的票价,在基础票价基础上,考虑城镇居民人均可支配收入增长幅度,确立票价调整幅度。票价调整幅度需要考虑城市政府、运营商和公众等成本分摊的公平性、弱势群体出行的承受能力、公交的财务成本、运营商服务水平,以及国家发展公共交通的政策等。

2. 调节模型

票价动态调节机制建设的关键是设计能够反应票价公平性的调节公式。随着物价上涨,伦敦公交票价每年都有不同程度的调整,从 2009—2014 年,地铁票价每年涨幅在 4%～5%。新加坡公交票价调整模型主要经历了两个阶段,最终形成了兼顾公交运营商利益和乘客利益的双赢模型。票价调整模型遵循的基本原则是:①票价必须反映现实,根据合理的成本增长进行票价调整;②确保公交运营者的运营收入大于运营成本;③在资产的替代更新上,必须有一个可持续的政策(刘彤綦、忠平、王逢宝,2007)。

中国城市职工每年工资增长幅度中已考虑了物价上涨因素,因此公交票价调节模型只需考虑受城镇居民人均可支配收入增长率的影响,票价调节模型见公式(6-1)所示。

$$\Delta p_t = \alpha_t \Delta S_t \qquad\qquad (6-1)$$

式中,Δp_t 为第 t 年公交票价调整幅度(用百分比表示);ΔS_t 表示第 t 年城市城镇居民人均可支配收入增长幅度(用百分比表示);α_t 为政策变量,α_t 值的确定需要综合考虑政府财政承受能力、运营商成本和公众出行成本,兼顾运营商经济效益和社会效益,取值范围在 0.1～0.5 之间比较合理。当票价调整幅度确定后,再加上当前实行的票价,最后形成新的公交票价。

6.3 购买服务定价机制

购买金额计算的科学性和准确性是政府购买公共交通服务需要解决的关键问题之一,然而,购买服务价格制定是一个非常复杂的系统工程问题。在价格制定过程中,不仅需要核算运营商运营成本,还需要考虑运营商改善服务水平的积极性。而且,线路差异对运营商收入会产生影响,如何平衡不同线路间的利益也需要考虑。

6.3.1 定价基本方法

1. 成本加成定价

服务定价方法很多,但成本加成定价是最简单的也是常用的定价方法,尤其是在公共事业领域基本上都采用成本加成定价。政府采用成本加成定价有利于维持企业生存和发展,保证公共品供应的稳定,同时能够对企业利润进行管制。成本加成定价通常是在成本相对容易估算,而且政府需要对行业利润率进行管制时使用。政府购买公交服务采用成本加成定价方法,即在运营成本基础上,再加上利润率形成购买服务的价格。

运营成本测算和利润率确定是成本加成定价方法实施的基础。成本测算取决于政府购买的是企业服务还是线路服务,线路服务的成本测算相对简单一些。购买企业服务的操作方法是:政府根据企业前一期(年或季度)发生的总成本,再加上一定的成本加成利润,购买企业下一期服务;购买线路服务是指政府对设定的线路核算成本(可按里程/流量),再加上一定的成本加成利润,设定购买金额,通过招投标选择线路服务供应商。

成本加成定价方法实施需要制定出合适的成本加成率。从全球城市公共交通行业看,建议定义公交行业为微利行业,司乘人员工资水平应与当地同期城镇在岗职工社会平均工资水平相当或稍高一些。公交行业应以保本微利为原则,尽量降低政府财政负担。当地政府要根据城市经济发展情况和行业平均收入情况,明确定义公交行业的利润水平和司乘人员工资水平,设定成本加成率区间。根据城市社会经济发展水平不同,利润率可取范围为 3%~6%,或更大范围,具体数值由当地政府决定,但政府应对利润率上限进行限制。

2. 固定金额定价

为了规避政府在对运营成本核算过程中出现的成本信息真实性问题,以及降低政府与运营商之间的沟通成本,也可以采用固定金额定价方法。固定金额定价方法是在政府对以往的运营成本数据进行分析基础上,再结合企业各种成本可能的变化情况,综合分析得出的购买服务价格,并以该价格进行服务招标。

固定金额定价没有将运营成本和利润率进行明确的划分,但本质上制定的价格中还是考虑了运营商可能的资金剩余。政府采用固定金额购买运营商服务，运营商本身清楚以此价格进行运营，如果成本控制有效，是能够获得资金剩余的，否则他就不会去竞标。在成本核算比较困难和对激励要求高的情况下，可以采用固定金额定价方法。

6.3.2　定价基本步骤

城市公交服务基本上都是按照既定的时刻表在固定线路上运营，线路是公交运营的最基本要素。2019年5月，中华人民共和国司法部公布《城市公共交通管理条例（征求意见稿）》，明确规定"城市公共交通线路运营实行特许经营"，政府与运营商"签订线路运营服务协议"。因此，政府购买服务定价的对象应该是公交线路。在明确了定价对象后，政府需要进行五步骤工作，才能最终决定价格，即选择定价目标→确定客运量需求→估算线路成本→确定定价方法→选定最终价格。

1. 选择定价目标

对公交行业来讲，维持运营还是微利，都可以通过政府定价体现。维持运营是一个短期目标，只要定价能够弥补变动成本和一部分固定成本，公交服务就能继续下去，但企业会缺乏提高服务水平的积极性；由于公共交通是准公共物品，通常情况下公交行业被定义为微利行业。政府定价需要考虑行业微利特点，在微利上做好工作。当政府按照微利目标进行定价时，企业可能具有提高服务水平的积极性和主动性。

2. 确定客运量需求

每条线路上的客运量和线路长度是最基本的运营数据，这些数据决定运营车辆数、运行时间和发车频率等数据，最后决定线路成本。而且线路上的客运量又与票款收入相关，票款收入会影响政府线路定价，因此需要考虑线路客运量情况。乘客对某条路线的出行需求，可通过以往的运营情况进行估算。以以往某一时间段内（年、日或天）的平均客运量为基础，考虑可能导致需求量波动的事件，进行适当调整（或增或减），最后确定线路客运量需求。

3. 估算线路成本

估算的线路成本开支范围主要包括车驾费用、综合费用、司机费用和燃耗费用。由于考虑客运量增加了成本核算的难度，实践中许多城市采取标准成本进行核算，实际成本进行校核的方式确定特许经营的运营成本。标准成本构成主要分为车日成本和车公里成本两类,以标准成本为基础,综合实际成本的审计结果,对标准成本进行适当调整,并结合燃油价格上涨的因素,最终确定运营成本。

4. 确定定价方法

政府可以采用成本加成定价方法,也可以采用固定金额定价方法,或其他方法。选择哪种定价方法,需要考虑基础数据获得的方便性、可靠性,以及计算的准确性。如果政府定义了公交行业是微利行业,不论选择哪种方法,政府都应该本着让运营商有利可赚,但不能暴利的原则,政府应对企业获得利润进行管制。

5. 确定最终价格

简单地说,最终价格包括运营成本和成本剩余(或利润率)两部分。采用成本加成定价的最终价格按照利润率上限进行计算,政府以最终价格进行服务招标。最终价格不是不变的,应该随着运营成本的增减进行动态调整。

6.3.3　成本审计与评价机制

成本费用审计与评价是政府购买公交服务的基础。从中国城市成本费用核算现状看,有些城市采用成本规制,有些城市还沿用传统的成本统计方法。在实行政府购买公共交通服务制度时,必须建立成本规制和第三方审计机制。

1. 实施成本规制

实施成本规制,建立成本标准,明确政府购买公交服务的成本开支范围。通常情况下,公交企业运营成本范围主要包括直接运营成本费用、期间费用和营业税金及附加。直接运营费用主要包括人工成本、能源成本、车辆折旧,保养修理费,行车事故损失费、场站租赁费等直接与生产相关费用,期间费用包括营运业务费、车队经费、管理费用和财务费用等。费用项目和计算方法要明确列出,并要符合当地政府规定。

实施成本规制需要三个前提条件:①标准成本界定合理;②成本计算准确;③公交企业成本控制有效。在这三个前提条件基础上,公交企业还要主动控制成本。因此,主要成本项目应设置相应的浮动区间,以便对企业成本结余进行奖励,对超出部分进行惩罚。

2. 第三方审计与评价机制

实践中由于信息不对称,往往出现运营商核算的成本与政府核算的成本不一致问题,不仅增加了两者的沟通成本,而且在这个过程中很容易产生权力寻租行为。中国许多城市只有一家国有公共交通企业,政府管理部门与企业之间关系模糊,政府既是产权所有者,又是经营者。在这种背景下,运营商运营成本费用审计与评价就变成了政府内部审计模式,评价结果经常遭到社会质疑。

引入第三方审计与评价机制,能够客观和公正地对运营商的运营成本费用进行审计与评价,评价结果容易获得社会认可。政府的主要职能是采用公开招标形式选择第三方有资质的审计企业,并对审计人员进行培训。此外,政府在挑选第三方审计企业过程中,要注重审计人员的职业素养和能力。第三方审计可按照每年一两次的频率对运营商运营成本费用进行审计与评价。

3. 运营成本社会公开机制

建立线路运营成本社会公开机制,让公众监督公共交通系统运营情况。从目前全国城市整体上看,向社会公开公交运营成本的城市微乎其微。目前,中国城市公共交通出行分担率不高,说明公众对公交的关注度不高。如果运营成本信息向社会公开,必然会引起公众的关注和讨论,进而引起公众对公交服务质量的监督,也利于运营商改善服务水平和降低运营成本。

许多城市为了提升公交服务水平和出行公平性,开辟客流量不大的线路,导致运营成本非常高。如果城市能将这样的冷僻线路运营成本公开,公众就能够更好地了解公交服务现状,对公交运营就会多一份了解和包容。此外,运营成本向社会公开,也会促使运营商对成本进行控制和提高效率。建议公开运营线路成本,按季度或年度发布。成本评价及发布由第三方审计企业负责,信息发布媒介为政府网站和运营商网站。

6.3.4　合约与激励机制

1. 政府采购中的激励理论

拉丰、梯若尔(2014)对机制设计理论、委托—代理理论和规制理论等进行了全面阐述,认为传统的规制理论并没有考虑激励问题,不能应用于委托—代理理论。他们认为在实践中有三种规制性约束,即信息约束、交易约束和行政或政治约束,而这些约束会使规制者不能实施他所偏好的政策。他们提出了一个描述企业从政府中得到的转移支付与该企业的价格、成本和利润绩效之间关系的概念,即激励方案强度,并指出三种常见的激励方案的激励强度是不同的(见表6-1所示)。

　　三种激励方案中,"固定价格合约"是政府向承包商支付一个固定价格,企业如果有成本节约,价格剩余归企业自己所有,激励强度高;"成本加成合约"中,政府向承包商支付它实际发生的成本并确定一个固定费(与规模相关),激励强度较低;"激励性合约"中,政府与承包商按照事先约定的比例分摊实际发生的成本,激励强度中等。因此,政府购买公共交通服务时,可通过与运营商签订不同的合约类型体现激励强度。

表 6 - 1　常用的激励方案强度

强度	允许不允许转移支付	
	允 许 (政府采购,大多数 公共企业)	不允许 (大多数受规制 的私人企业)
很强 (企业是剩余索取者)	固定价格合约	价格上限
中等 (成本分担或者利润共享)	激励性合约	激励性规制
很低 (政府或者消费者是剩余索取者)	成本加成合约	服务成本规制

　　资料来源:拉丰,梯若尔,2014.政府采购与规制中的激励理论[M].石磊,王永钦,等,译.上海:格致出版社.

2. 成本加成合约的激励

　　政府与运营商签订的合约类型很多,合约类型不同意味着激励强度的差异。因此,政府购买公共交通服务时,应考虑与运营商签署合约是否存在激励内容。虽然,固定价格合约是激励强度最高的合约,但在公共事业领域,成本加成合约由于成本与利润进行了明确的界定,还是常采用的合约类型。成本加成定价原理表明政府对运营成本全额买单,而且还要保障运营商有利可赚。从表6-1描述的合约与激励强度关系看,成本加成合约的激励强度较低。因此,对在政府购买公交服务定价机制中采用成本加成合约的政府,还需考虑激励机制设计问题。

　　激励的关键是成本加成率设定为一个区间范围,政府规定区间上限。政府对运营商进行绩效考评，根据考评结果确定实际的加成率，即绩效激励。政府将购买资金分为两部分，一部分运营成本资金，另一部分加成率作为绩效考核资金。运营成本资金在考评周期的期初就拨款给运营商，绩效考核资金在期末对运营商服务水平进行考核后再发放。政府周期性考核承包企业的服务水平，达到或超过服务水平就奖励，没有达到服务水平要求的按照购买金额的一定比例进行罚款，具体百分比由各个城市自己确定。如果企业严重没有达标，勒令其整改，整改仍不合格者让其退出线路运营。运营商只有达到服务水平要求后，才能拿到全部绩效考核资金。

运营商服务水平考核仍采用第三方考评制度，除了行业监管的各项指标外，也要重视社会评价。

6.4　本章小结

政府始终面临提供公共服务和控制成本的双重压力，公交的低效率使政府在预算分配时往往难以决策。政府长期处在财政压力下，必然会减少对运营商服务水平改善的相关资金投入，这又可能导致公共交通吸引力进一步下降，形成恶性循环，最后低票价政策不可持续。因此，建立票价动态调节机制非常重要。对票价调整时，需要考虑公交财务成本的合理分摊、公众出行的承受能力和票价对公众的吸引力。政府购买服务定价的基础是对运营商运营成本的准确核算，政府应该采用成本规制，明确界定成本范围和标准，并建立第三方审计与评价机制。采用成本规制需要考虑标准成本的界定、成本计算方法和成本控制等问题。

政府购买服务的定价要考虑能使企业有降低成本的动力，防止低效率。城市政府可采用的合约类型包括固定价格合约和成本加成合约，固定价格合约是激励强度高的合约，成本加成合约实施需要引入绩效资金概念。无论哪种合约，都需要将政府财政资金与运营商服务水平挂钩，建立奖惩机制，这样有利于调动运营商控制成本的积极性和提高补贴资金效率。此外，当地政府也可考虑适当的政策配套，如车身广告、地产物业等方面的政策。无论采用哪种合约，当地政府要根据本地公共交通发展情况，明确定义公交行业的利润水平和司乘人员工资水平。

第 7 章　政府购买公交服务机制

7.1　关键问题及相关理论

政府购买公交服务意味着政府与运营商之间建立契约关系,运营商拥有提供公交服务的特许经营权,政府与运营商之间形成委托代理关系。因此,为了保证运营商行为符合政府(或公众)的意愿,应通过契约详细规定运营商的权利和义务。同时,由于运营商在信息上处于强势地位,需要政府在契约中设计激励内容,以降低信息不对称带来的政府与运营商之间的利益冲突。

7.1.1　关键问题

正如同世界范围内政府购买公共服务的实践所体现的那样,这一制度安排本身兼具多重优越性,然而由于公共服务本身的特性和供需双方的能力限制,其优越性的体现需以一系列条件的满足为前提(周俊,2010)。在中国现有的制度环境下,政府购买公交服务面临信息、交易和行政等约束,信息不对称、交易成本和政府责任是政府在购买服务过程中需要解决的关键问题。

1. 信息不对称问题

政府购买公共服务的理想目标仅仅是建立在理论假设之上,实践中必须有一个"精明的买家"知道买什么、向谁买、如何买,以及一个充满竞争的市场,否则改革结果可能适得其反(詹国彬,2013)。政府能成为一个精明买家吗?理论上,政府购买公共交通服务,政府与运营商之间就形成交易关系。只要交易关系存在,就会产生交易成本。不仅是交易中的一方比之另一方拥有更多有关有价值的特质的信息,他或她还可能通过隐藏这些信息而获得收益(诺思,1990)。政府采购所处规制环境决定了信息不对称问题的存在,这在很大程度上限制了政府对公交行业效率的控制。

常见的信息不对称问题分为两类：道德风险和逆向选择。道德风险是政府观察不到的内生变量，企业任意采取影响政府决策的成本或服务质量的行为；逆向选择是在企业比政府掌握了更多的关于外生变量的信息时产生的一种行为，这使企业在与政府互动过程中处于优势地位，或能获取更高的利益（拉丰、梯若尔，2014）。道德风险和逆向选择的存在导致了信息获取的需要。

政府购买公交服务是通过与供应商签订一定时期的特许经营合同实现的。为了保证城市公交服务的连续性和一致性，通常情况下，签订的合同具有长期性和重复性特征，但也不排斥供应商业绩极其差时的合同撤销情况。由于合同具有长期和重复性，政府可以依靠时间所产生的长期利益来解决道德风险问题。

2. 交易成本问题

政府在选择和监督运营商提供服务的过程中，为了规避道德风险和逆向选择问题的发生，需要花费很大精力组织调研，获取公交市场和运营商信息，增加了交易成本。契约（合同）是政府与公交运营商之间的一种协议或约定，特许经营表示政府与公交运营商的一种合同约定形式。从制度设计角度看，为了降低特许经营制度实施的风险和非确定性，城市政府通过契约形式规范和监督运营商运营。而且，由于信息的高昂成本是交易费用的关键，监管与实施契约具有成本（诺思，1990）。

政府购买服务受到信息约束、交易约束和行政约束，实践中，这些约束使得规制者不能实施他所偏好的政策。签署合约和执行合约的成本较高，而且合约可能多少都有点不完备，当未来可能出现的状态越是不能清楚地加以预见和表述时，交易成本就会越高（拉丰、梯若尔，2014）。政府购买公共交通服务需要有多个可供选择的供应商。当市场环境好时，政府容易寻找到好的运营商，有利于交易成本的降低；当市场环境不好时，市场信息壁垒严重，提高了政府在市场上寻找好的运营商的难度。此外，市场信息的不完善，也会增加政府对契约的执行与监督成本。

3. 政府责任问题

委托—代理理论为政府购买服务提供了理论基础，但将该理论应用到政府购买服务会造成公私部门责任比较上的困惑，如公共交通是公益性，政府部门并不追求利润，而私营部门是逐利的。另外存在一个问题就是政府能够真正代表公众对公交服务供应商进行选择吗？公共选择理论强调政府的失灵，认为每一个官僚和政客都是个人效用和福利最大化的追求者，而不是关注公共利益最大化。因此，政府能否真正表达公众意愿总是存在疑问，实践中不可避免会有些城市政府可能更重视的是政治绩效而非公众利益（休斯，2015）。

政府是城市公共交通发展的责任主体，在制定公交发展相关政策时，必定受到利益集团的影响。由于政府部门某些人员的功利性或自利性，可能在决策时选择不符合公众利益的方案，导致城市公交效率性下降。一般来说，政府购买公共服务要么采取招投标的形式，要么采取定向委托的形式，而无论哪种形式都可能为受贿、回扣、政治回报等腐败行为提供机会（叶托、隆晓兰，2016）。因此，在政府购买公共服务框架下，政府不仅承担着传统意义上的公共责任，而且还需要对服务承包商的业绩和行为负责，只要公民对公共服务存在不满，问责的“板子”最终是要落在政府身上（詹国彬，2013）。在民营化过程中政府应该承担道德责任、法制责任、管理责任和监督责任。为确保公共服务购买的结果符合公共利益，必须精心构建公共服务的责任机制，引入服务购买的问责制度（王菲予，2009）。

7.1.2　理论基础

1. 机制设计理论

交易过程中存在的信息不对称问题早已是经济学家们关注的焦点，如何在信息分散和信息不对称的条件下设计激励相容的机制来实现资源的有效配置是机制设计理论的核心。机制设计理论的代表人物是赫维茨、马斯金和迈尔森，三者共同获得 2007 年诺贝尔经济学奖。赫维茨 1960 年在其发表的论文《资源配置最优化与信息效率》中，提到构建一种信息交流系统，将参与人信息集中起来，按照事先规定分配配置结果。从赫维茨后，众多机制设计理论研究始终围绕着私人信息和激励的有机整合问题，信息和激励成为机制设计理论分析的两个重要维度。

20 世纪 70 年代显示原理的形成和实施理论的发展促进了机制设计理论的发展。马斯金于 1977 年在其论文《纳什均衡与福利最优化》中提出了实施理论。实施理论的核心是社会如何选择方案，他通过单调性和无否决权两个概念解释了社会选择规则问题。单调性的含义是：如果某一方案在某种环境下是可取的社会选择，而在另一种环境中，根据全体经济参与人偏好的排序，这个方案较之其他方案的相对地位没有下降，那么该方案也应该成为社会选择。无否决权说的是，如果有一个方案是人们最喜欢的，且最多只有一个人例外，那么这个方案就应该成为社会选择（郭其友、李宝良，2007）。

2. 委托—代理理论

委托—代理理论的形成和发展主要源于信息不对称和激励问题的存在，该理论的核心任务是委托人如何设计最优契约激励代理人。政府购买公共交通服务，政府与运营商形成委托代理关系。在委托代理关系中，委托人与代理人之间拥有各自的效用函数，两者之间存在着利益冲突，尤其在信息不对称背景下，利益冲突更加明显。如果委托人缺乏适当的手段确保代理人执行他们的意愿，那么代理人极其有可能违背委托人的意愿行事。在公共服务市场化改革道路上，委托—代理理论被广泛引入政府购买服务的机制设计中。

经济学的委托—代理理论是针对私人部门普遍存在的代理人与委托人管理企业目标差异问题提出的，核心思想是：为了保证代理人的行为符合委托人的意愿，应通过契约详细规定代理人的权利和义务。委托—代理理论同样可以用到公共部门，只是在委托人是政府还是公众方面有些困惑（休斯，2015）。委托人为防范信息不对称问题的发生，激励代理人按照自己的目标行事，通常通过设定合同协调与代理人的利益冲突。

3. 交易成本理论

威廉姆森1985年提出交易成本经济学，认为资产专用性、不确定性和交易频率这三个决定交易成本特性的维度能够反映交易成本大小。不确定性是交易的一个特性，对合约的组织管理结构发生作用：在资产专用性不可忽视的情况下，不确定性越强，交易合约关系产生裂缝的数量和规模就越大，因此对交易关系进行追踪调整就越是必要。交易成本经济学分析的一个基本观点是：人们根据交易的特性，而确立不同的从事交易的组织管理结构，以此来提高交易的经济效率（杨力新，1987）。因此，有效的组织管理结构—治理结构建立非常必要。常见的治理结构包括市场治理、三方治理、双方治理及统一治理等，治理结构与投资特征和交易频率的配合关系见表7-1所示。

表 7 - 1　治理结构选择

交易频率	投资特征		
	通用的	混合的	专用的
非经常的	市场治理 （古典合约）	三方治理（新古典合约）	
经常重复的		双方治理	统一治理
		（关系型合约）	

资料来源：沃依格特，2016.制度经济学[M].史世伟等，译.北京：中国社会科学出版社.

4. 制度设计相关理论

舒尔茨 1968 年将制度定义为管束人们行为的一系列规则，并将制度类型分为用于降低交易费用的制度、用于影响要素所有者之间配置风险的制度、用于提供职能组织与个人收入流之间的联系的制度，以及用于确立公共品和服务的生产与分配框架的制度（科斯等，2014）。制度总是由两部分组成，一方面是规则，另一方面是执法和仲裁部分，在违反规则的情况下可以实施制裁或威胁制裁（沃依格特，2016）。规则有两种根本不同的类型：①准许，即对特定行为或一系列被允许行为的规定；②禁令，即禁止一个或多个具体的行为。由此可见，规则部分要包括准许规则和禁止规则，即要明确规定哪些行为是允许的，哪些行为是被禁止的。在规则设立后，就要监督规则是否有效实施，如何监督就是实施机制设计问题。

一个完整的制度结构应该包括规则与机制两大部分，规则是明确规定行为主体的行为，机制确保规则能够被遵守，从而使规则有效实施。对规则的遵守有两种情形，一是主动遵守，二是被动遵守规则。对主动遵守的行为，应该采取激励措施给予鼓励，形成自我监督形式；由于破坏规则而导致集体利益受损，应该受到惩罚，形成社会监督形式。在监督过程中，对一些好的允许行为进行加强、引导和维持，对一些禁止行为的出现，一定及时纠正和制止。因此，机制部分应包括激励机制与惩罚机制，目的是实现制度设计者设定的制度目标。

7.2　购买服务总体机制设计

政府购买公交服务是一项复杂的系统工程，需要各方面的相互配合才能取得满意的效果。假设政府能够代表公众意愿，那么政府就能以委托人身份与公交服务提供者（代理人）签订合同，详细规定代理人的权力和义务，确保其执行公众的意愿。在政府购买公交服务的整个过程中，即运营商进入、运营和退出过程，涉及多个法律、制度与政策，也包含众多参与人员（如政府管理人员、运营商企业人员、第三方评审和审计人员、政府采购专家等）。因此，需要设计清晰、科学的政府购买服务机制。

7.2.1 设计原则

除了遵循公交制度设计的效率、平等和稳定三个基本原则外，政府在购买服务过程中还应遵循政府统一治理、全过程管理、信息公开和激励性等原则，以便更好地处理信息不对称、交易成本和政府责任等问题。

1. 政府统一治理原则

从中国城市公共交通发展历史看，实行完全放松管制的公交供给方式并不适合中国城市。2002 年后，许多采用完全市场化的城市出现了市场恶性竞争、居民投诉率居高不下、公交公益性不能保障等问题，公交市场失灵。在这种情况下，必须政府干预才能解决市场问题。资产专用性程度较高、交易频率较高以及不确定性较高的交易属于某种关系型契约，主要依靠统一治理结构模式，通过科层来完成（聂辉华，2004）。公交系统具有资产专用性和运营非确定性等特征，为了降低交易成本，政府购买公交服务应采用政府统一治理结构模式，指导和控制公交服务提供者运营。

政府应在公共交通市场中起关键作用，以防止市场失灵导致的效率低下。公共交通具有边际成本不断降低特性，这种特性为政府干预甚至国有化提供了理论依据，这也说明政府购买公共交通服务应该采用政府统一治理结构模式。

2. 全过程管理原则

在政府购买公交服务过程中，政府始终扮演重要角色，不仅需要对购买服务进行统一治理，而且需要对公交服务的全过程进行管理。公交服务全过程管理是指政府对供应商进入、运营和退出过程进行的规划、组织、领导和控制等各项活动，主要包括供应商进入条件、资质的设定、选择指标与绩效评价指标设计、合同签约与监督、退出条件与后续安排的设定等。政府通过对公交运营商提供服务的全过程进行管理与监控，能够更好地行使委托人职责。

3. 信息公开原则

提供公共交通服务是城市政府的基本职能,是关系城市居民能否融入社会的大事。政府购买公交服务不仅涉及政府和公交服务提供商的利益诉求,也关乎社会公众的利益。因此,政府购买公交服务涉及购买资金来源、购买金额、购买服务水平等信息应向公众公开,以便于公众对政府和运营商进行监督。此外,信息公开也能使更多具有服务能力的服务提供商参与投标,增加供应商来源,使政府能够选择到更好的运营商。

4. 激励性原则

政府购买服务存在两层"委托—代理"关系,一层是政府与公众的委托代理关系,另一层是政府与运营商的委托代理关系。只要"委托—代理"关系存在,就存在信息不对称问题。政府购买公共交通服务是一件很专业很复杂的事情,普通公众很难参与其中,也不可能清楚地了解政府的整个决策过程。同样,在政府购买公交服务过程中,政府往往会面对一些实力较强企业,并不能完全通过这些企业了解公交市场情况,也很难全面掌握这些企业的运营信息,如车辆质量信息、运输能力信息、努力程度信息等。

政府采购过程中必然存在由于信息不对称导致的道德风险和逆向选择问题。政府应该通过契约详细规定运营商的权力和义务,并在契约中增设奖惩条款,通过激励合同的使用,解决信息不对称导致的问题。

7.2.2　机制设计框架图

1. 总体思路

政府购买服务机制设计应该将购买过程中涉及的各个组成部分和相关业务进行程序化和流程化,规范政府购买服务过程的行为和职责,控制政府与供应商之间交易的非确定性程度,从而降低交易成本。依据政府购买服务机制主要设计原则,以购买服务过程中涉及的政府工作作为主线,将政府、运营商、第三方机构的相互作用过程和形式进行了安排,形成了政府购买服务的框架图(见图 7-1 所示)。

图 7-1 的购买服务框架图体现了政府从运营商选择到契约签订与执行整个过程中的重要作用,以及对运营商进入、运营和退出全过程管理思想。首先,是运营商选择,政府必须明确运营商所必需的资质和来源,竞争机制培育需要多源运营商。其次,要对公交企业成本与收入进行梳理,建立成本和收入规制,

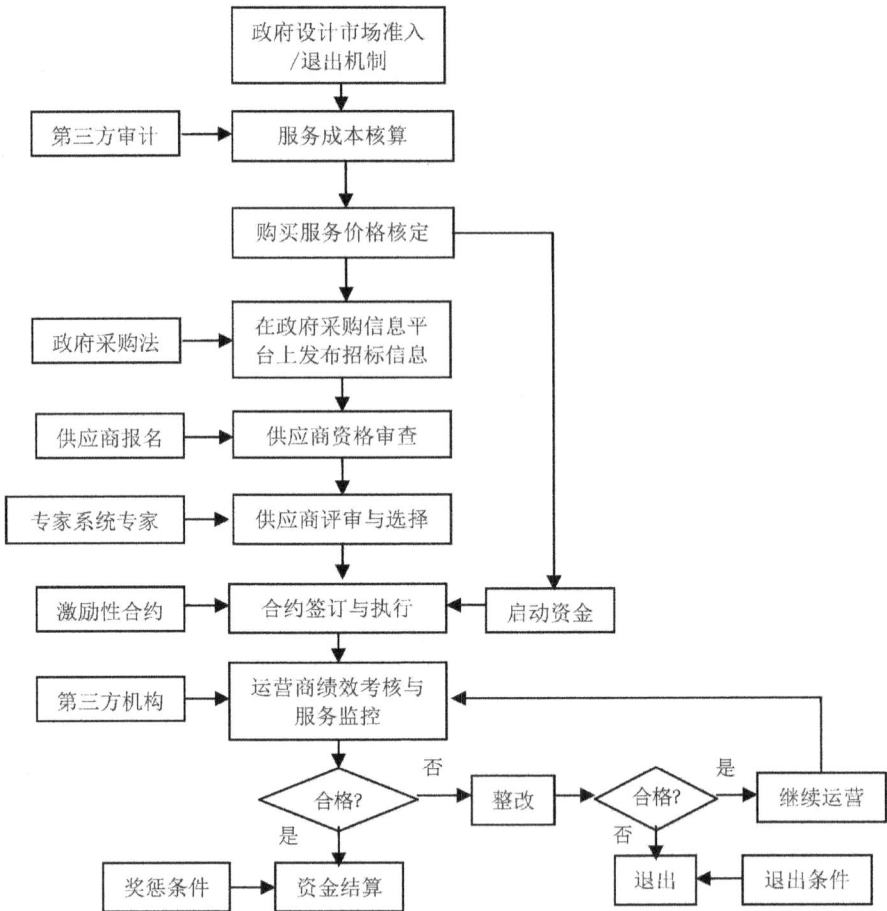

图 7 - 1   政府购买公交服务框架图

明确成本和收入内容，使成本核算和补贴或购买金额制定有理有据。在契约签订方面，相关合同条款、合同期限、退出条件等必须清晰和有法可依；在契约执行方面，需要政府对运营商进行服务监控和绩效考核，完善的考核机制和必要的技术手段都有助于政府购买服务效率的提高。最后，政府需要对运营商退出补偿条款和禁入年限等做出规定。在签订的契约中，规定了运营商服务水平标准，政府需对运营商运营进行监控与绩效考核，并详细规定奖惩标准。

虽然图 7 - 1 描述了政府购买公交服务机制框架，但在实践中由于城市发展水平具有差异性，建议机制框架可适度进行调整。城市可根据具体情况制定激励性合约内容和服务水平考核标准，对启动资金也需根据当地实际财政收入情况设置。

2. 管理架构与职责划分

城市政府是公交优先发展的主体,也是政府购买服务的委托人。为了更好地实现政府购买公交服务机制,需要设计相应的管理架构和明确界定政府与运营商的职责。

(1)管理架构。从理论上讲,政府购买公交服务只是从事后"财政补贴"制度转变为事前"购买服务"制度,政府与运营商仍然是制度安排的两个重要主体。广东省佛山市政府购买公交服务制度实施设计了专门的公共交通管理有限公司(简称 TC 公司),TC 公司的存在一方面分担了部分政府管理部门职能,但也明显增加了政府管理成本和政府与公交企业信息不对称程度。因此,对于是否在政府与公交运营企业之间加入一个管理公司,各城市需要根据自身情况,考虑管理公司存在的利弊,合理设计管理架构。政府购买公交服务管理架构见图 7 - 2 所示。

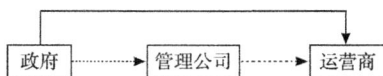

图 7 - 2　政府购买公交服务管理架构

(2)政府职责。在政府购买公交服务过程中,政府必须明确购买服务项目、内容,以及对运营服务商的资质条件要求和服务水平要求;成立购买服务领导小组,制定完善的购买服务流程,明确各成员岗位责任。由于政府购买服务资金来自城市财政收入,因此需要制定相应的财政政策,以确保政府购买公交服务的实施。在购买服务实施过程中,对发生的问题要快速进行响应,保证公交服务的连续性和可持续性。政府主要职责包括:设计市场准入与退出机制、绩效考核与服务监督机制、服务价格确定机制、公交票价核定机制、运营成本审核机制、运营商奖惩机制,以及合约签订机制。

(3)运营商职责。在确定进入公交市场提供运营服务后,运营商需要按照合同内容提供日常运送乘客的服务。在运营过程中,还需对驾驶员进行培训与考核,采取奖惩措施,鼓励驾驶员积极降低运营成本,改善服务水平。此外,运营商还需按时公开运营成本信息,接受社会监督。

3. 服务价格核算流程

政府购买公交服务方式包括购买线路服务、购买车队服务,以及购买管理团队提供的服务三种,具体形式由城市政府根据实际情况自行设定。以购买线路服务为例,其服务价格核算流程见图 7-3 所示。政府购买服务的价格核算包括线路成本核算和公交行业利润率确定。线路成本测算依据可参考以往运营成本和行业平均成本水平,行业利润率确定可参照城市其他行业利润率水平。通常情况下,公交行业被定义为微利行业,公交企业员工(包括司机)工资水平应略高于全社会平均工资水平。

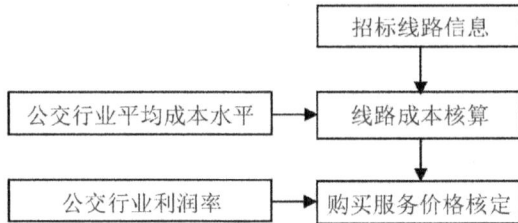

图 7-3　服务价格核算流程

4. 供应商选择流程

在对供应商选择过程中,首先需要设计供应商评价指标体系,综合考察供应商服务水平、成本控制、企业信誉,以及服务运行质量等方面的能力;根据设计的指标体系,通过政府采购平台,评审和选择供应商;最后,政府与供应商签订服务合同,特许其从事合同规定的运营服务。合同需详细规定供应商准许事项和禁令事项,以及奖惩条件。供应商选择流程见图 7-4 所示。

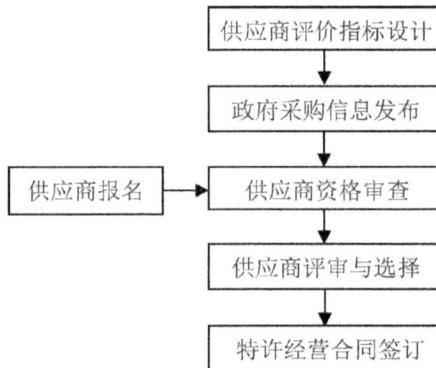

图 7-4　供应商选择流程

5. 运营商绩效考核流程

当供应商进入公交市场运营后,其身份就转换为运营商,政府管理部门需要对运营商的服务质量进行监控。通常情况下,政府管理部门通过设计绩效考核指标对运营商服务质量进行考核,考核结果可作为奖惩基础。运营商绩效考核流程见图 7-5 所示,这个流程中包含了运营商退出市场环节,即对考核连续不合格企业需要进入退出程序。

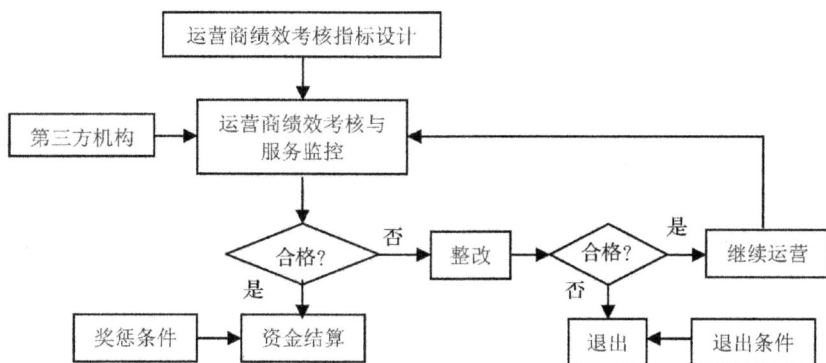

图 7-5　运营商绩效考核流程

7.3　治理机制设计

政府购买公交服务框架图只是规范了操作流程,实践中还必须解决可能出现的一些问题,如公交企业是否能够认真落实公交公益性、是否主动降低运营成本和改善服务水平、是否存在虚报运营成本,以及是否存在骗取政府高额购买费用等问题。解决或降低这些问题产生的负向效应,需要建立科学的政府购买公共交通服务治理机制,其中适度竞争机制、"标尺竞争"机制、"共享分红"激励机制和政府问责机制的实行尤为重要。

7.3.1　竞争机制设计

1. 适度竞争机制

十多年来,中国城市在公交优先发展战略的指引下,相继加大了公共交通的投入,短时间内改变了公交出行难的困境。但政府持续过多的投入在一定程度上削弱了企业的创造力和竞争力。而政府补贴的规制或者是政府购买服务的原则尚未完善，亲国企疏民营的结果直接导致了大多数城市公交国企一家独大，阻碍了适度竞争（黄凤娟，2018）。公共交通是准公共物品，具有一定的排他性和一定的垄断性，完全放开的市场竞争环境并不适合公交企业的发展。从公交发展历史上看，无论是多家民营企业，还是国有企业内部的线路承包、车辆承包，都容易出现市场混乱、竞争无序状态。这些均表明过度竞争的市场不利于公共交通规模经济的获得和公益性的落实，政府必须对公交行业进行竞争管制，保护行业以适当规模经营。

适度竞争的实现需要城市公交市场同时有几个运营商运营。除了允许各种产权形式的供应商参与投标和竞标外，还要考虑市场上存在提供服务的竞争者。考虑到公交的规模经济属性，一个城市可根据市场规模设置运营商数量，但不宜过多。一个特大城市可同时拥有三四个不同产权形式的企业；大中城市可拥有两三个运营商，而对小城市来说，竞争主要体现在有多个供应商参与投标与竞标，以及有一两个不同产权形式的企业提供服务。一个公交市场上的运营商数量不宜过多，适度竞争环境有助于公共交通发展。

2."标尺竞争"机制

政府在购买服务过程中，很难清楚地了解到当地公交企业某些运营数据，这给运营成本核算和绩效考核带来不确定性，增加了交易成本。一种了解企业技术参数的方法是将该企业的绩效与相似技术环境的企业绩效进行比较，即"相对绩效评估"或"标尺竞争"（拉丰、梯若尔，2014）。标尺竞争理论的主要思想是委托人根据代理人的相对绩效对其进行补偿——将代理人的效率和其他提供类似产品或服务的代理人进行比较并据此决定代理人的收入，从而通过代理人之间的相互竞争达到减少成本、提高效率的目的（张晏、夏纪军、张文瑾，2010）。

对许多只有一家公交企业的城市政府来说，如果能够获得其他城市公交企业运营成本数据或其他行业相似企业成本数据，也能了解本城市公交企业的运营成本情况。通过相对绩效评估，以此进行购买价格和奖惩金额的确定，从而促使本城市公交企业改善服务质量和降低成本，实现"标尺竞争"。目前，大数据技术的应用将有助于"标尺竞争"机制的实施。政府通过对多个公交企业的运营数据进行分析，能够掌握全社会公交企业平均成本情况和司机工资情况，以此作为"标尺",建立成本标准和工资标准,实现全行业竞争。

7.3.2　激励机制设计

人类有目的的行为都是出于对某种需要的追求。激励是一种心理力量,通过影响人们的内在需求或动机,从而加强、引导和维持行为的活动或过程。机制设计理论、规制理论和委托—代理理论均认为激励是最好的解决信息不对称问题的手段。激励机制的设计使公交企业愿意在运营成本降低和效率改善方面进行努力,有助于规避信息不对称带来的各种问题。

1."共享分红"机制

激励机制有显性的短期激励机制和长期的隐性激励机制两类,"共享分红"机制是一种隐性激励机制。城市公交分担率提升,不仅意味着城市公共交通系统生产效率高,系统运营成本低,而且表明社会效益显著,政府资金使用效率高。城市公交企业是公共交通服务提供者,对公交是否具有吸引力起着非常重要的作用,应该分享公交分担率提升带来的效益。因此,政府除了对公交企业绩效进行考核外,需要建立一种与城市公交分担率提升相关的激励机制,让公交企业能够分享公交分担率提升带来的政府收益。这种激励机制可称为"共享分红"机制,即公交企业按照公交分担率提升的百分比进行分红。

分红形式由城市政府根据实际情况制定,如物质奖励、金钱奖励、休假奖励或其他方面的奖励。分红比例分配策略各地可自行设计,如公交分担率每提升1%带来的收益,公交企业可以分到60%～70%的红利,政府保留30%～40%的红利。"共享分红"机制设计的目的是使公交企业愿意改善服务水平和降低成本,吸引更多居民乘坐公共交通。企业努力程度越高,获得的回报越高。

2. 激励性合约

根据拉丰、梯若尔(2014)提出的净转移支付公式 $t=a-bC$(其中,t 为净转移支付,a 为固定费用,b 是企业承担的成本份额,C 为政府补偿企业的货币支出),"激励性合约"是指 $0 \leqslant b \leqslant 1$ 之间的线性合约。当 $b=0$ 时,企业不承担任何成本,不利于调动企业降低成本的积极性。只有当 $0<b \leqslant 1$ 时,企业才有降低成本的积极性,而且积极性随着 b 的增大而增大。当 $b=1$ 时,激励性合约就变成固定价格合约,激烈强度高。因此,政府购买公交服务要采用激励性合约,即让运营商本身承担其部分或全部运营成本,这有利于调动运营商降低成本的积极性。

政府与公交企业之间客观存在的信息不对称问题，降低了政府购买服务效果，因此，政府应该利用所能获得的信息尽量减少信息不对称情况。不仅激励性合约能调动运营商降低成本积极性，而且能够有效地规避信息不对称导致的道德问题和逆向选择问题，固定价格合约可以成为政府购买公交服务的首选合约。此外，与公交企业费用结算周期不宜太长，按月或季度结算较为合理。

7.3.3　政府问责机制设计

1. 政府问责机制建立的必要性

政府购买公交服务中的政府与公众，可看作一种"委托—代理"关系。公共权力的所有者——公众，将其选择公交运营商的权力委托给政府，政府作为代理人代表公众利益选择公交服务提供者和监督公交企业运营，并向公众汇报政府工作的完成情况。因此，公众有权根据城市公共交通优先发展情况要求政府解释和说明。一般来说，政府购买公共服务要么采取招投标的形式，要么采取定向委托的形式，而无论哪种形式都可能为受贿、回扣、政治回报等腐败行为提供机会。更值得警惕的是，为了获得寻租机会，部分政府官员会尽可能多地运用政府购买的方式来生产公共服务，进而造成了"外包过度"的结果（叶托、隆晓兰，2016）。因此，由于政府在购买公交服务过程中可能出现行为问题，就应该明确政府责任，建立政府问责机制。

2. 问责机制含义

问责机制是指针对政府官员的职务行为向其追究责任的制度。政府是城市公共交通发展的责任主体，也是政府购买公交服务实施的主体，需要为城市购买公交服务效果负责。责任一般包括成功的责任和失败的责任，这意味着城市政府需要建立一套责任机制来保障购买公共交通服务能够满足公众的利益诉求。同时，在公众利益没有达成时，政府也会被"问责"，即政府中某些特定人员需要对政府购买公交服务过程中的某些行为进行解释和承担责任。

政府工作完成得不好，如公交企业服务水平低和乘客满意度不高，政府就可能被问责。如果出现恶性事件（如公交停运），政府一定被问责。政府官员被问责后，应根据调查结果的严重程度，令其对职务行为承担负面后果。政府官员承担后果的责任方式很多，对公共交通优先发展战略实施来讲，可建立官员职务声誉和职务身份相关的问责制，通过公开道歉、停职检查、引咎辞职、责令辞职、免职等职务身份或职务声誉受损的方式承担个人责任。

3. 问责机制设计

许多学者对政府问责机制进行研究,认为政府问责是一种负激励行为,并从市场、法律、科层、预算、补贴、专业,以及政治问责等多方面进行问责机制设计(叶托、隆晓兰,2016)。政府购买公共交通服务是中央政府大力推行的公交行业改革举措,目的是提高城市公共交通分担率、降低政府财政压力,使公交优先发展战略实施具有可持续性。基于这个目标,本研究认为对政府问责应从多个角度进行,建立诸如市场、补贴、法律、专业、行政和科层等问责机制,全方位地对政府工作进行监督(见表7-2所示)。

表 7 - 2　政府购买公交服务问责机制

问责角度	问责关系	问责内容	问责形式	问责方式
市场	对纳税人负责	公交分担率	解释/回应	职务身份或职务声誉受损
补贴	对公交企业负责	补贴资金到位	解释/回应	职务身份或职务声誉受损
法律	对规则负责	采购法、合同法实施	解释/回应	职务身份或职务声誉受损
科层	对上级负责	优先公交政策落实	解释/回应	职务身份或职务声誉受损
专业	对行业负责	行业效率	解释/回应	职务身份或职务声誉受损
行政	对市民负责	乘客满意度	解释/回应	职务身份或职务声誉受损

本研究设计的政府购买服务问责机制主要包括问责角度、问责关系、问责内容、问责形式和问责方式等要素,这些要素之间相互关联,形成一条"问责链",清晰地展现了对政府问责的全过程。从问责角度出发,首先明确问责关系和内容,然后根据问责内容要求政府解释/回应,当确认政府管理人员应当负有责任时,需对其问责,问责方式为职务身份或职务声誉受损。

政府购买服务问责机制主要包括六部分:

(1)市场问责主要针对公交服务生产的效率与质量,如城市公交分担率低下是否是选择了不合适的公交运营商。

(2)补贴问责主要针对的是政府对公交企业财政补贴资金的额度和时间,如公交企业贷款成本增加是否是政府补贴不及时所致。

(3)法律问责主要考察政府招投标过程中是否符合采购法规定,与供应商签订合同是否符合合同法等。

(4)专业问责方面,主要考察运营商资质、评审专家资质与公交服务专业的匹配情况,以及行业效率的提高情况。

(5)行政问责聚焦在政府官员行政决策、行政行为和结果方面,如出现城市居民投诉率高、满意度低等问题时,需要调查是否是行政决策导致的失误。

(6)科层问责主要针对的是中央政府关于城市公共交通优先发展的政策落实情况,如公交企业运营负担重是否是城市政府没有落实中央的燃油补贴政策等。

7.3.4 联席会议制度设计

城市公共交通优先发展涉及规划、资金、土地、路权、财税、技术等相关部门的职能,每个部门都有自己的利益目标。由于资源有限,每个部门在实现自己利益目标过程中,不可避免地会出现部门之间的利益冲突。政府购买公共交通服务涉及全体居民利益,城市政府应正视部门之间的利益冲突,寻找解决问题的途径。因此,需要构建一种协商制度以协调部门之间的利益。

1. 联席会议制度

冲突是指多部门对一个问题或多个问题处理上的分歧,冲突不可避免。研究表明对冲突的处理可采用回避、缓解和正视三种手段:回避,即无视问题,而寄希望于冲突自行解决;缓解,即强调双方共同利益,减弱矛盾双方冲突;正视,即通过会议使对立双方陈述各自观点,寻找解决冲突的路径。联席会议制度是由城市人民政府负责,交通运输、发展改革、财政、规划、建设、公安、国土等相关部门共同参与、定期召开会议的一种多管理部门协商制度。联席会议制度是对冲突采取正视的一种手段,其特点是:虚拟组织;长期战略联盟;共同决策。

联席会议制度的设立,使参与政府购买服务各部门之间建立了协同关系,这意味着公交建设过程中,各部门之间形成长期战略联盟。这种战略联盟能够帮助政府分享信息、获得知识和降低交易成本,从而提高公交优先发展战略实施效率,并获得可持续发展优势。

2. 组织结构

根据联席会议制度特点,将其组织结构设计为矩阵式组织结构(见图 7-6 所示)。矩阵式组织结构同时依赖纵向和横向的权力关系与沟通,能促进一系列复杂和独立的项目取得协调,是一个非常复杂的组织结构。在这个虚拟组织结构中,纵向为权力层级,最高领导为联席会议领导小组组长,由城市主管公交发展的市长担任,联席会议成员单位包括与公交优先发展相关的各成员单位。

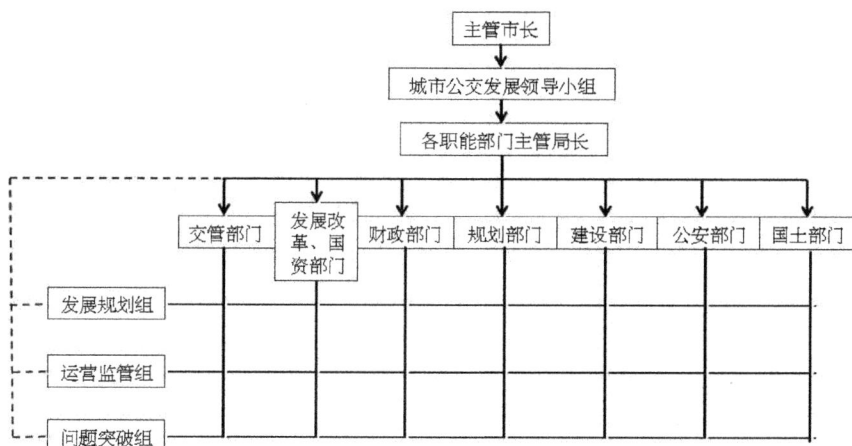

图 7-6　联席会议制度组织结构

矩阵组织结构中的横向为联席会议具有的职能,主要包括三大部分:

(1)发展规划。根据国家公共交通优先发展战略部署要求,制定行业发展规划及工作方案。

(2)运营监管。对城市公交系统运营情况进行监管,优化公交线网,开展公交宣传,评价、检查、监督和指导公交企业运营等。

(3)问题突破。针对公交发展过程中存在的急需解决问题,分析问题产生的原因,提出解决对策。

矩阵组织结构的优点是目标清晰,职能资源共享,不影响原有部门运作,也无须重复设置部门。但由于多重领导,不可避免会出现利益纠葛,同时由于具有临时性,成员易产生应付观念,需要良好的纵向和横向沟通交流,以及信息分享。因此,联席会议制度的运营机制设计非常重要。

3.运营机制

联席会议制度分为正常情况和应急情况两种。正常情况的联席会议主要针对公交优先发展政策制定和发展战略实施,一般在考核周期末召开,如年末召开联席会议讨论下一年的工作安排和公交优先发展政策的制定;应急情况的联席会议主要针对公交运营期间发生的紧急情况,如果交管部门不能独立处理,就需要召开联席会议讨论并解决问题。无论是正常情况还是应急情况的联席会议,最终的成果都是制定政策。

联席会议召开的目的是为了更好地发展城市公共交通。交通管理部门需要对城市公交发展现状进行了解，对实际绩效与发展目标差距进行分析，确定差距产生的影响因素和重点改善领域。在此基础上，启动联席会议，多职能部门共同协商提出发展对策和政策建议，经公交发展领导小组审定后实施。对一些应急问题的发生，主要以交管部门自己解决为主。如果需要多部门配合，就启动联席会议进行解决。联席会议制度运营机制见图7-7和图7-8所示。

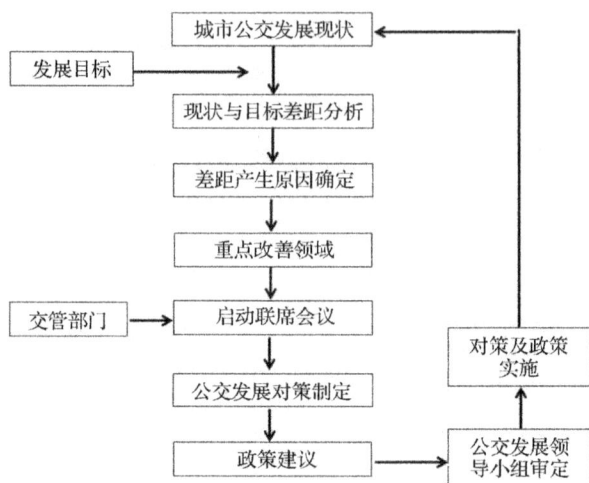

图7-7　联席会议制度运营机制

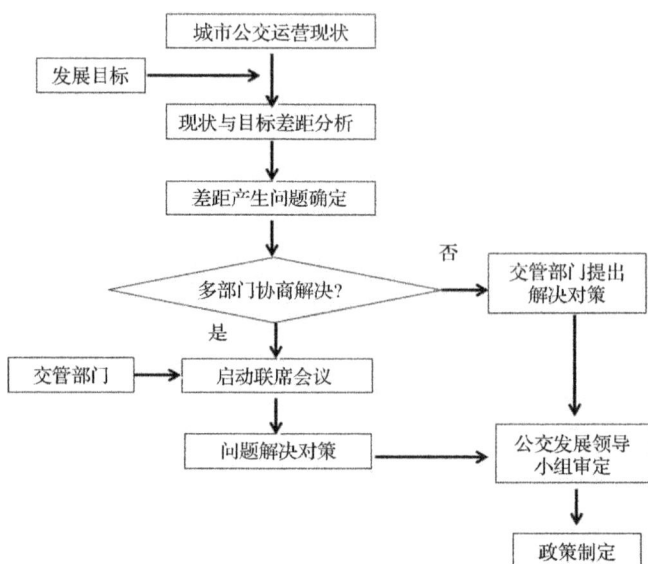

图7-8　联席会议制度应急情况运营机制

联席成员单位职责分工按参与单位职能划分,交通主管部门负责联席会议制度的日常运行和维护。联席会议制度实施要点包括:①定期召开联席会议,由公交主管部门负责召集;②根据要解决问题的性质,可邀请成员单位以外部门和人员参与;③会议纪要分发到各部门和市政府;④根据问题的紧迫程度可确定是否召开临时会议。

7.4　本章小结

政府购买公共交通服务意味着政府与公交运营商之间建立契约关系,由公交运营商承担运送城市居民公交出行任务,政府需对运营商进行监控与绩效考核。从供应商选择到契约签订与执行,政府在整个过程中发挥重要作用。首先是供应商选择,政府必须明确供应商所必需的资质和来源,竞争机制培育需要多源供应商;其次要对公交企业成本与收入进行梳理,建立成本和收入规制,明确成本和收入内容,使成本核算和补贴或购买金额制定有理有据;在契约签订方面,相关合同条款、合同期限、退出条件等必须清晰和有法可依;在契约执行方面,需要政府对供应商进行服务监控和绩效考核,完善的考核机制和必要的技术手段都有助于政府购买服务效率的提高;最后,政府需要对供应商退出补偿条款和禁入年限等做出规定。实际上,即使政府在整个过程中都进行了很好的制度设计,也会存在影响购买服务效率的问题,仍需要设计完善的购买服务机制。

由于政府购买服务受到信息约束、交易约束和行政约束,行业效率难以掌控,因此,在政府购买服务机制实施过程中,竞争机制、"共享分红"机制、政府问责机制,以及联席会议机制的建立非常必要。竞争机制是保障行业效率高的前提,适度竞争机制能够体现公共交通准公共物品属性,同时,运用"标尺竞争"机制也能够使垄断公交企业感受到竞争压力;"共享分红"机制是激励机制的具体体现,有助于解决信息不对称所带来问题;政府问责机制对政府购买行为进行约束,使政府能够更好地代表公众利益;联席会议机制通过协调各部门利益,更好地发挥政府作为公共交通发展的主体作用。

第8章 政府购买公交服务的实践与启示

8.1 佛山市政府购买公交服务实践

广东省佛山市在改革前由于公交市场拥有多家民营企业运营,市场存在竞争无序、服务水平低和公益性难以落实等问题。但佛山市改革没有选择与中国大多数大中城市相同的路径,即收回经营权,成立国有公交公司,而是选择了保留民营资本,采用政府购买公交服务的方式。目前国内以佛山市为代表的部分城市,公交线路运营实行交通共同体(Transport Community,TC)模式,通过招投标向运营企业购买城市公共汽电车线路运营服务。这是一种比较先进的公共交通运营服务模式,在欧美、南美等不少国家采用,值得我国城市政府尝试借鉴(顾大松,2019)。

8.1.1 佛山市政府购买服务制度背景

广东省佛山市经济发达,常住人口 765.67 万人,现辖禅城区、南海区、顺德区、高明区和三水区五区。佛山市位于珠江三角洲腹地,与广州接壤,共同构成"广佛都市圈",已投入运行的广佛线一期、二期工程运营里程超过 20 公里。佛山市政府高度重视城市公共交通的优先发展,500 米站点覆盖率在全国排列第12 位,至 2016 年年底,佛山中心城区公交分担率已达 40.1%。与武汉、东莞、无锡等经济总量相近城市相比,佛山市线路数、里程数均高于这些城市。

佛山公共交通发展与其他很多城市一样,从 2002 年以来,积极引进民营资本参与公交运营。至 2007 年年底,全市共有 13 家民营或股份制公共交通运营企业,实行竞争性市场营运。由于民营企业众多,市场化运营使佛山市出现了无序竞争、服务水平低,以及公交公益性难落实等问题。在此背景下,佛山市政府决定进行公交改革,借鉴欧美交通共同体形式,构建政府决策调控层、TC 公

司管理层和企业营运服务层的三级政府购买公共交通服务 TC 模式。2008 年
7 月,顺德北滘镇三条公交线路试点实施 TC 模式。按照规划,逐步在全市实
行 TC 模式,目前以禅城区和顺德区为代表的公交 TC 管理模式在全国范围内
具有重要的影响力。

8.1.2　佛山市 TC 模式运行情况

1. 顺德区运行情况

顺德区是佛山市下辖五区之一,2015 年年底常住人口 253.53 万人。从
2008 年顺德北滘镇实施 TC 模式开始,2010 年起顺德全区推行公交 TC 模式
改革。2010 年 2 月成立佛山市顺德区公共交通管理有限公司(TC 公司),主要
负责全区公交线路的规划调整、资金清算和服务质量监督等工作。截至 2015
年年底,TC 模式运营线路达到 163 条。TC 公交车也从 2010 年的 378 辆增长
到 2015 年的 1 694 辆,图 8 - 1 是顺德区公交车辆数量变化情况(2010—2015)。
同时,车辆也进行了更新换代。顺德地区三家民营公交企业从 2014 年 12 月底
已经陆续开始投入新能源公交车,国家与地方按照 1∶1 比例进行购车补贴,降
低了企业购车成本压力。TC 模式使顺德公交服务水平得到明显改善,公交公
益性得到落实,但同时也增加了政府成本。在 TC 模式发展过程中,政府加大
了财政投入力度,政府财政补贴从每年几千万元增加至 4.0 亿元。

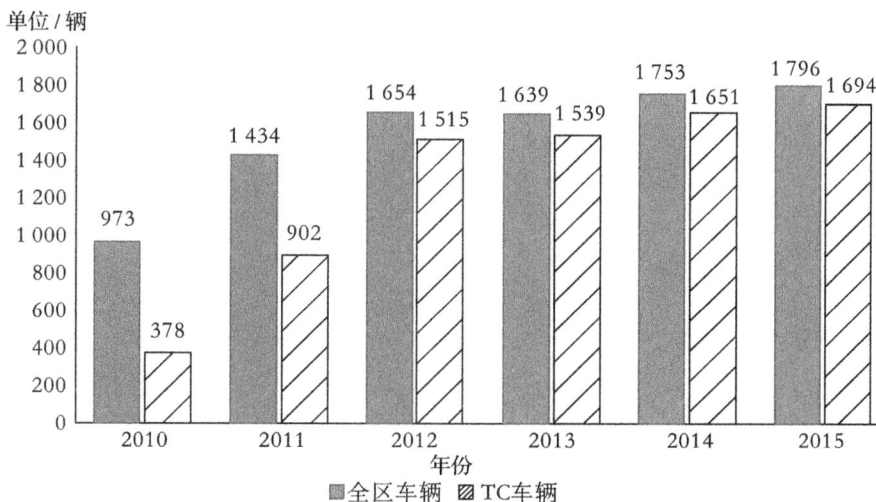

图 8 - 1　顺德区公交车辆数量变化

(数据来源:《顺德区交通运输发展"十三五"规划》)

公交客运量方面。至"十二五"期末，全区公交日客流量超过47万人次，TC公交日均客流量从2009年的15万人次增长到2015年的44万人次，图8－2是顺德区TC公交日均客流量变化图（2009—2015年）。从图8－2可以看出，TC模式应用使客流量增长迅速，从2009—2013年，客流量增长了近3倍，但从2013年开始，客流量增长开始放缓，TC改革红利逐渐减少。同时，全区机动化公交分担率达13%，中心城区公交分担率达到22.5%。一方面政府高额补贴，另一方面公交分担率不高，这就是佛山顺德区"十二五"末的发展情况。

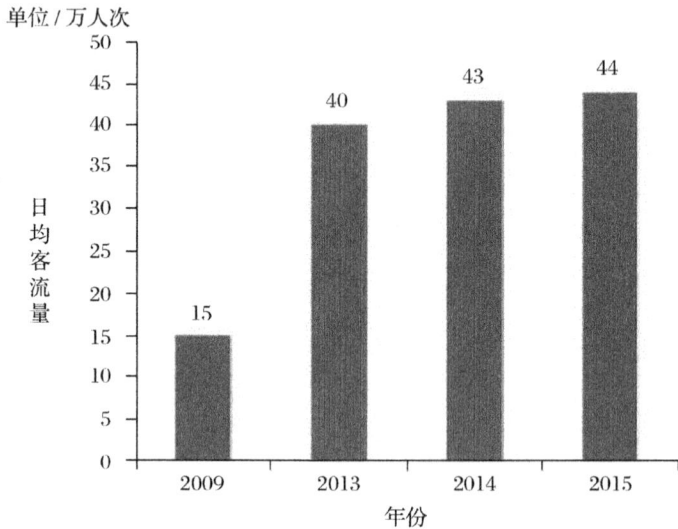

单位/万人次

图8－2　顺德区TC公交日均客流量变化图（2009—2015年）

（数据来源：《顺德区交通运输发展"十三五"规划》）

2.禅城区的运行情况

禅城区是佛山市中心城区，截至2015年年底常住人口为112.07万人，辖域面积155平方公里。截至"十二五"期末，中心城区公交分担率达到35.5%。2008年9月，禅城区开始公共交通管理模式改革——实施TC模式。为了更好地实施TC模式，禅城区成立了佛山市禅城区公共交通管理有限公司（TC公司），主要负责公交票务收缴、公交线路规划，以及对公交运营企业的服务质量进行考核。在对运营企业考核时，根据考核优劣情况决定各公交公司收益差别和扣罚金额。禅城区同样采取了票运分离模式,TC 公司收取公交票款,运营企业负责运营服务。总体上看,TC 模式实施后,禅城区公交服务质量得到很大改善,居民出行满意度提高。

8.1.3　佛山市政府购买公交服务的运营机制

从佛山市顺德区和禅城区政府购买服务制度的实施看,其运营机制可概括为:区政府出资成立公共交通管理有限公司,即 TC 公司,TC 管理公司对全区公交运营进行统筹规划,然后由区政府向公交运营企业购买服务,TC 公司进行服务质量监督与公交资金清算,公交企业负责按合同约定的服务标准运营。

1. 组织架构与成员职责

佛山市政府购买服务制度实施的组织架构为多层结构,包括政府、TC 公司和运营企业三层,即由政府决策调控层、TC 公司管理层、企业营运服务层构成三级"交通共同体"结构(见图 8-3 所示)。

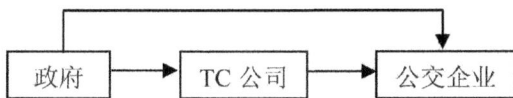

```
┌─────────┐    ┌─────────┐    ┌─────────┐
│  政府   │───▶│ TC 公司 │───▶│ 公交企业 │
└─────────┘    └─────────┘    └─────────┘
```

图 8-3　政府购买服务组织架构

组织架构中各层级主体主要职责如下:

(1)政府职责包括设定运营商进入条件、设计承包合同、奖惩机制、绩效考核机制、准入和退出机制、线路票价设定和服务购买价格制定等;

(2)TC 公司职责包括规划线路、计算线路运营成本、设定线路服务水平、与运营商签订合约、协助政府对运营商进行绩效考核和票款管理等;

(3)运营商职责主要包括线路运营、成本控制、服务水平改善和企业文化建设等。

目前佛山各地 TC 模式中政府定位是有差异的,主要有服务采购者(如佛山禅城的 TC 模式)、经营权出让者(如佛山顺德的 TC 模式)、政策性亏损承担者(如佛山南海的 TC 模式)三种,其中定位为政策性亏损承担者的,公交企业增值税税负明显低于其他定位(张晓清,2019)。在各主体职责确定后,政府发布招标信息,依法进行政府采购。在公共交通系统运营过程中,运营商运营管理主要通过 TC 公司进行,TC 公司在佛山市政府购买公共交通服务过程中扮演了重要角色。

2. 市场准入机制

按照 TC 模式要求，企业拥有符合政府招标文件要求的车辆是进入市场的基础条件。为了达到公交服务市场的门槛要求，公交企业投入大量资金购置新车，政府同时会有相应补贴。此外，对营运指标、服务指标、安全指标、车辆技术指标、从业人员指标等都有明确的规定，其中经营场地也是一个重要条件。只有符合市场准入条件的企业，才能获得特许经营许可，投入自己的车队和硬件设备，为市民提供公交服务。

3. 合约签订机制

政府在市场准入机制设定后，在公共信息平台上发布购买项目、内容、服务水平标准等招标信息，满足市场准入条件的供应商报名并投标。通过招标程序后，政府选择具有能力运营的多家公交企业作为服务提供商，政府与运营企业签订《公交服务合同》，特许公交企业在固定线路上运营。《公交服务合同》中明确了具体服务线路、服务质量要求、奖惩条件，以及退出条件等。

4. 票运分离机制

由德国提出的 TC 模式的核心是票运分离，即票价由政府制定，第三方公司负责成本核算和票款管理，公交企业按照合同约定的服务水平进行运营的一种政府购买公交服务模式。佛山市公交改革采用了票运分离机制，政府委托 TC 公司进行票款管理，承担票款风险，运营商只负责运营，承担成本风险。票运分离机制改变了运营企业直接与票款收入利益挂钩的现状，其主要工作转变为提升服务品质方面，有利于提高公交吸引力。

5. 服务考核与监督机制

TC 模式一个重要的工作是对运营商进行服务绩效考核，考核分数直接决定运营商收入的多少。佛山市采用服务考核工作与监督工作结合策略。目前佛山 TC 服务监督主要有三个途径，一是通过 GPS 进行营运动态监管与服务考核，二是依靠人工巡查监管（包括政府管理层、TC 管理公司和公交义务监督员的巡查），三是市民和媒体监督。结合 GPS 应用，TC 公司能够很好地了解驾驶员行车轨迹、距离和停靠站点等服务信息。在服务监督下，TC 公司会结合对运营商服务水平考核结果，确定运营商是否能够获得 6% 的利润率，没有达到服务水平要求的运营商，将被罚款。

6. 退出机制

通常政府与运营商签订 5—10 年合同,线路经营权期限最长为 10 年。其间,如果运营商服务水平不达标,政府会给其整改机会。如果整改后,仍然不能达到政府规定的服务水平,就停止其线路运营。由于佛山市每个区都有多家公交运营商,不存在一个企业退出,市场就无法提供公交服务情况。因此,不合格企业退出机制能够得到实施。

8.2 政府购买公交服务的启示

佛山市实行的政府购买公交服务是以 TC 模式为核心的,TC 模式应用主要借鉴了德国的公共交通管理模式。德国公共交通管理模式主要是由政府出资设立公司和委托私人公司运营,政府很少直接参与城市公共交通的组织运营,但政府设定相关制度,如设计特许经营制度,在市场招标、服务质量等方面提出要求。虽然佛山市政府没有对公交所有权进行国有化改革,但 TC 模式的实施,使政府能够掌控公交线路和场站的所有权、经营权,以及发展权,政府能够按照公共交通发展目标统一进行规划与管理。

8.2.1 佛山市政府购买服务的思考

从佛山市政府购买公交服务实践看,有三个显著特点:民营公司参与运营;票运分离;设立 TC 管理公司。佛山市实施购买公交服务实践引起的广泛关注与这三个特点密不可分,这三个特点又会带来哪些思考呢?

1. 民营化运营是否能实现公交公益性

佛山市在政府购买服务改革前,私有企业众多,线路层层转包现象严重,公交公益性难以落实。佛山市实施政府购买服务改革意味着需要有多家具备一定服务能力的公交企业进入市场,那么对现有民营企业的服务能力提升就变得非常重要,这决定改革成功与否。佛山市采取了引进有实力的公交企业对本地公交资源进行整合措施,最后形成了几家有能力的私有公交企业参与市场运营,保证了市场竞争性。在这个过程中,并没有出现其他城市的从私营到国有产权形式变更,而且佛山市公交公益性也得到了很好的落实。在政府购买服务背景下,民营企业运营也能够实现公交公益性。

2. 票运分离是否增加了政府成本

票运分离机制的实施使公交运营商不再关心票款收入，客流量多少对运营商运营没有影响。为了实现票运分离，通常政府需要出资设立公交管理公司负责票款的收缴，禅城区和顺德区均设立自己的公共交通管理有限公司，即 TC 公司。TC 公司作为政府投资建立的国资公司，除了负责票款收缴外，还负责线路规划、成本核算、资金清算，以及服务监督等。佛山的"交通共同体"结构是在政府与运营商之间增加了一个 TC 公司，由原先的政府管理层和运营企业运营层两个层级变为政府决策层、TC 公司管理层和运营企业运营层三个层级。政府原先只需补贴运营企业运营，现在不仅需要购买运营企业服务，还需投入资金保证 TC 公司运转。理论上，TC 公司的存在增加了政府财政支出。

3. 成本核算是否存在信息不对称问题

政府购买服务价格计算的基础是运营商运营成本核算。佛山市政府购买公交服务由于采用的是票运分离，运营商业绩与客流量和票款无关，政府按线路公里成本招标。在成本核算中，虽然有第三方对运营商运营成本进行审计，但仍会有 TC 公司很难完全掌控的运营商内部信息，如对燃料成本核算，必然涉及车型、车况和驾驶员操作等方面信息，而这些信息是企业内部信息，政府和 TC 公司很难掌握。只要存在信息不对称情况，就可能出现供应商道德问题和逆向选择问题。

4. TC 公司负责绩效监管是否意味着政府责任缺失

由于对运营商绩效水平考核结果直接涉及运营商获得的收益和扣罚金额，如果考核不准确，一是会增加政府成本，二是可能降低运营商运营积极性。原本对运营商绩效监控是政府的责任，现在由 TC 公司完成。TC 公司代表政府制定公交服务标准，以合约的形式向企业购买服务，负责票款管理，并实施监管落实。TC 模式下，TC 公司行使了部分政府职能，政府层与 TC 公司管理层之间存在责权模糊化问题。政府是城市公交优先发展的责任主体，TC 公司能否做到诚信、自律和公正，仍需要政府监管。

8.2.2 佛山实践的启示

佛山市政府购买公交服务在民营企业参与、票运分离和设立 TC 公司等多个方面进行了实践，也取得了一定的成果。那么，佛山政府购买公交服务经验能否在中国其他城市进行复制或推广，对其他城市政府购买公交服务的启示又是什么？

1. 市场化运营

中国许多城市的改革实践均证明了私营企业不利于公交公益性的落实，这直接导致公车公营成为城市落实公交公益性的改革方案。但政府购买公交服务的制度基础是特许经营制度，目的是通过发挥市场机制作用和整合利用社会资源，实现公共服务的高水平和效率。因此，政府购买服务制度的实施需要多家有能力和规模的企业参与投标和竞标。佛山市的改革实践表明，民营企业运营也能够实现公交公益性，这为民营企业进入公交市场提供了有利证据。

政府购买公交服务需要有多个供应商参与以形成竞争机制，这样有利于行业效率的提高和市场资源更好的分配。所以，政府购买服务的对象应包含各种产权形式的供应商，尽可能地吸引有意愿和有能力的供应商参与公交市场运营。

2. 政府效率

佛山实施的购买服务制度以票运分离和 TC 模式为主要特点。TC 模式虽然减轻了政府管理运营商的负担，但却增加了政府购买公交服务的管理层级和复杂度。从委托代理关系看，原本简单的政府为委托人，运营商为代理人，现在变成了二层委托代理关系，即政府与 TC 公司和 TC 公司与运营商的委托代理关系。由于 TC 公司的介入，不仅政府与运营商的关系变得模糊，而且政府与 TC 公司之间的管理界限也不清楚，TC 公司能够完全代替政府管理吗？如果 TC 公司不能完全代表政府行事，在这样的三者关系中，信息不对称问题就可能发生在 TC 公司层和运营商层。

政府购买服务的目的是转变政府职能，更好地为公众提供公共服务，政府应该对运营商和底层公众的想法有所了解。管理层级的增加，使政府快速反应公众需求的能力变差。从政府治理角度看，管理层级的减少，能够节约政府沟通成本和减少信息不对称问题，有利于政府效率的提高。政府应该给 TC 公司一个合理的定位。

3. 财政压力

佛山市地处经济发达的珠三角，2017 年实现地区生产总值 9 550 亿元，在全国大中城市中排第 16 位，其人均地区生产总值为 124 323.93 元，位于广东省 21 个城市中的第 4 位。即使这样，佛山市政府也感受到 TC 投入的政府财政压力。佛山公交改革的显著特点是运营商不考虑票款收入，由政府承担票款收入减少风险。而且，政府为了落实公交公益性，采用"成本＋利润"的购买模式。公交 TC 改革的核心措施是实施政府购买服务，政府全额（部分）承担公交线路票务营收风险，加大对公交服务的财政补贴力度。虽然改革取得了显著的成绩，但仍存在公交运营成本持续上升，难以可持续发展的问题（张晗，2016）。

顺德区从 2013 年开始，TC 改革红利逐渐减少，2014—2015 年的 TC 单车日客运量基本持平，公交分担率提升缓慢。公交票款与公交运营成本存在巨大差距。如果政府与 TC 公交管理公司能进行充分沟通，建立正向激励机制发挥公交企业能动性，完全可以通过合理调整政府定位、管理层管理模式和结算方式进行纳税筹划，减轻地方政府资金压力和提高公交企业经济效益（张晓清，2019）。佛山市经济发达，政府财政收入高，因此在公交方面投入较多。对一些经济不发达城市，需要考虑财政压力，寻找更适合的政府购买服务模式。

4. 票运分离

票运分离后，公益性亏损与经营性亏损界定清晰，公益性票价问题迎刃而解。对公交企业，不用担心票价补贴是否到位问题，将精力用在运营效率提高和服务水平改善方面；政府按照合同约定的服务水平对运营企业进行考核，不仅能够提高城市公共交通服务水平，也能够对公交运营费用的财政支出进行控制。但实践中 TC 公司的存在增加了政府财政支出，另外也会存在运营商不关心乘客是否购票等问题，这些问题仍需要政府在购买服务过程中加以考虑和提出解决方案。

票运分离模式实施建议：①需要专业化的管理团队。这个团队能够规划公交网络、设计线路服务水平、优化城市公交线路、考核运营企业绩效和管理票款等；②设计合理的准入和退出机制，以及考核机制（包括奖惩机制）；③对不同社会经济条件的城市，可根据城市自身条件设定服务水平。对经济不发达城市，线路服务水平可适当降低，减少政府财政支出；对经济发达城市，考虑政府财政支出额度，设定的公交服务水平要高些。

8.3   本章小结

政府购买公共交通服务采用票运分离模式，政府能够对线路资源进行优化配置,培育适度竞争的市场环境;企业在固定购买金额前提下,运营效率越高,获得利润越高,因此,企业有积极性控制成本和提高效率。此外,在票运分离模式下,产权制度安排效率得以体现。

佛山市实践政府购买公交服务十多年了,取得了很好的成绩,但其经验并没有得到推广和复制,主要原因是:

(1)实施票运分离机制,重新建立一个 TC 管理公司,增加了政府财政支出。政府不仅需要对公交运营商进行监管,而且需要对 TC 公司进行管理,政府在购买服务过程中的交易成本增加;

(2)TC 公司行使了部分政府职能,与政府之间存在责权不清晰问题;

(3)TC 公司在成本核算和绩效考评等方面能否做到诚信、自律和公正,引起广泛讨论。

中国城市社会经济发展水平差异性较大,对于一些经济不发达城市来说,能够投入到公共交通优先发展的资金更是有限。因此,城市实施政府购买公交服务时,尤其是对于经济不发达城市,如果使用 TC 模式,需要考虑政府效率和财政压力问题。

参考文献

[1] 蔡长昆,2016.制度环境、制度绩效与公共服务市场化:一个分析框架[J].管理世界(04):52-69+80+187-188.

[2] 曹国利,1998.信息不对称:政府规制的经济理由[J].财经研究(06):15-19.

[3] 常江,2014.美国政府购买服务制度及其启示[J].政治与法律(01):153-160.

[4] 陈适,1990.必须重视城市公共交通的发展[J].城市(02):3-5.

[5] 陈晓,江东,2000.股权多元化、公司业绩与行业竞争性[J].经济研究(08):28-35+80.

[6] 戴维斯,诺斯,1971.制度变迁的理论:概念与原因[M]//科斯等,2014.财产权利与制度变迁.刘守英等,译.上海:格致出版社.

[7] 德姆塞茨,1988.一个研究所有制的框架[M]//科斯等,2014.财产权利与制度变迁.刘守英等,译.上海:格致出版社.

[8] 董砚宝,2009.我国城市公交民营化改革面临的问题及解决对策[J].经济研究导刊(14):145-147.

[9] 菲吕博腾,平乔维奇,1972.产权与经济理论:近期文献的一个综述[M]//科斯等,2014.财产权利与制度变迁.刘守英等,译.上海:格致出版社.

[10] 顾大松,2019.公共交通立法,专家学者们的建议[J].人民公交(06):57-60.

[11] 顾功耘,胡改蓉,2014.国企改革的政府定位及制度重构[J].现代法学,36(03):81-91.

[12] 郭继孚,刘莹,余柳,2011.对中国大城市交通拥堵问题的认识[J].城市交通,9(02):8-14+6.

[13] 郭其友,李宝良,2007.机制设计理论:资源最优配置机制性质的解释与应用[J].外国经济与管理,29(11):1-9.

[14] 黄凤娟,2018.全国、地方人大代表热议公交发展[J].人民公交(04):32-38.

[15] 拉丰,梯若尔,2014.政府采购与规制中的激励理论[M].石磊,王永钦,译.

上海：格致出版社.

[16] 科斯等,2014.财产权利与制度变迁[M].刘守英等,译.上海：格致出版社.

[17] 孔志峰,2010.完善"公交优先"财政扶持政策[J].中国财政(06):55-56.

[18] 李军鹏,2013.政府购买公共服务的学理因由、典型模式与推进策略[J].改革(12):17-29.

[19] 刘守英,1992.产权,行为与经济绩效[J].经济社会体制比较(02):12-18.

[20] 刘彤燊,忠平,王逢宝,2007.新加坡公交定价模型对城市公交票价改革的启示[J].价格理论与实践(10):46-47.

[21] 刘小玄,2003.中国转轨经济中的产权结构和市场结构——产业绩效水平的决定因素[J].经济研究(01):21-29+92.

[22] 陆志娟,2019.浅析公交行业成本规制[J].纳税,13(06):144-145.

[23] 聂辉华,2004.交易费用经济学:过去、现在和未来——兼评威廉姆森《资本主义经济制度》[J].管理世界(12):146-153.

[24] 聂辉华,2017.契约理论的起源、发展和分歧[J].经济社会体制比较(01):1-13.

[25] 诺思,2014.制度、制度变迁与经济绩效[M].杭行,译.上海：格致出版社.

[26] 乔军山,1996.城市公共交通企业改革与发展[J].城市(03):36-40.

[27] 仇保兴,2006.中国城市交通发展展望——在第13届智能交通世界大会上的发言[J].城市交通(06):1-4.

[28] 汤吉军,郭砚莉,2012.沉淀成本、交易成本与政府管制方式——兼论我国自然垄断行业改革的新方向[J].中国工业经济(12):31-43.

[29] 汪晓春,2006.我国公共交通产业竞争和民营的思路与对策[J].经济管理(13):24-28.

[30] 王菲予,2009.分税制向何处去-以浙江省改革路径为例[J].法制与社会(01):209-210.

[31] 王俊豪,1998.论自然垄断产业的有效竞争[J].经济研究(08):42-46.

[32] 王俊豪,陈无风,2014.城市公用事业特许经营相关问题比较研究[J].经济理论与经济管理(08):58-68.

[33] 王学庆,2003.垄断性行业的政府管制问题研究[J].管理世界(08):63-73.

[34] 维奇克.2012.城市公共交通运营、规划与经济：下册[M].宋瑞等,译.北京：中国铁道出版社.

[35] 沃依格特，2016.制度经济学[M].史世伟等,译.北京:中国社会科学出版社.

[36] 吴振球，2008.产权效率观:马克思和科斯的比较[J].高校理论战线(07):21－26.

[37] 项显生，2012.政府购买公共服务管理机构的设置问题研究[J].中共福建省委党校学报(03):39－45.

[38] 休斯，2015.公共管理导论:第四版[M].张成福等,译.北京:中国人民大学出版社.

[39] 徐宪平，2013.围绕推进城镇化发展加快完善综合交通网络[J].综合运输(1):4－8.

[40] 徐宗威，2001.法国城市公用事业特许经营制度及启示[J].城市发展研究(04):1－5＋16.

[41] 严宝杰，1981.美籍专家张秋先生在我院交通工程座谈会上的发言(摘要)[J].长安大学学报(自然科学版)(04):143－146.

[42] 严宝杰，1982.西安市城市交通若干问题的探讨[J].长安大学学报(自然科学版)(04):50－63.

[43] 杨安华，2014.政府购买服务还是回购服务?——基于2000年以来欧美国家政府回购公共服务的考察[J].公共管理学报,11(03):49－58＋141.

[44] 杨继绳，1985."自行车王国"的苦恼和出路[J].瞭望周刊(3):20－21＋1.

[45] 杨力新，1987.威廉森的交易费用经济学介绍[J].经济社会体制比较(04):51－57.

[46] 叶托,隆晓兰，2016.市场问责机制的局限性及超越:政府购买公共服务的多元问责框架[J].中国社会科学院研究生院学报(6):51－57.

[47] 余明桂,回雅甫,潘红波，2010.政治联系、寻租与地方政府财政补贴有效性[J].经济研究,45(03):65－77.

[48] 詹国彬，2013.需求方缺陷、供给方缺陷与精明买家[J].经济社会体制比较(5):142－150.

[49] 张晗，2016.公交TC管理模式经验探讨——以佛山市顺德区为例[J].交通与运输(学术版)(02):98－100.

[50] 张奎福，2013.城市公共交通票价、票制问题刍议[J].人民公交(6):38-41.

[51] 张明军,易承志，2013.制度绩效:提升中国特色社会主义制度自信的核心要素[J].当代世界与社会主义(6):79－86.

[52] 张维迎,马捷,1999.恶性竞争的产权基础[J].经济研究(6):11-20.

[53] 张晓清,2019.TC 模式下公交企业增值税的纳税筹划[J].纳税,13(14):52+54.

[54] 张晏,夏纪军,张文瑾,2010.自上而下的标尺竞争与中国省级政府公共支出溢出效应差异[J].浙江社会科学(12):20-26.

[55] 章玉,黄承锋,许茂增,2016.特许经营制度下公共交通行业的财政补贴效应[J].产经评论(3):118-129.

[56] 章志远,2009.民营化、规制改革与新行政法的兴起——从公交民营化的受挫切入[J].中国法学(02):22-35.

[57] 赵学群,2010.关于财政支出绩效评价和管理制度的思考[J].现代经济探讨(12):42-45.

[58] 钟朝晖,2018.政府购买公共交通服务的理论探索与推进路径[J].交通工程,18(3):51-57.

[59] 周建国,靳亮亮,2007.基于公共选择理论视野的政府自利性研究[J].江海学刊(4):95-100.

[60] 周俊,2010.政府购买公共服务的风险及其防范[J].中国行政管理(6):12-18.

[61] 周其仁,2000.公有制企业的性质[J].经济研究(11):3-12.

[62] DREVS F,TSCHEULIN D K,LINDENMEIER J,et al.,2014. Crowding-in or crowding out: an empirical analysis on the effect of subsidies on individual willingness-to-pay for public transportation [J]. Transportation research Part A,59(1):250-261.

[63] GWILLIAM K,2008. A review of issues in transit economics[J]. Research in transportation economics,23(1):4-22.

[64] IDA Y,TALIT G,2017. Reforms in the regulation of public bus service in Israel[J]. Case studies on transport policy,5(3):80-86.

[65] ISEKI H,2010. Effects of contracting on cost efficiency in US fixed-route bus transit service[J]. Transportation research Part A (44):457-472.

[66] JERCH R,KAHN M E,LI S J,2017. The efficiency of local government: the role of privatization and public sector unions[J]. Journal of public economics,154(10):95-121.

[67] MOHRING H,1972. Optimization and scale economies in urban bus

transportation"[J]. Am. Econ. Rev.(62)：591 - 604.

[68] MUÑOZ J C，DE GRANGE L，2010. On the development of public transit in large cities[J]. Research in transportation economics，29(1)：379 - 386.

[69] NUWORSOO C，GOLUB A，DEAKIN E，2009. Analyzing equity impacts of transit fare changes：case study of Alameda-Contra Costa Transit，California[J]. Evaluation and program planning，32(4)：360 - 368.

[70] PUCHER J，KURTH S，1995. Verkehrsverbund：the success of regional public transport in Germany，Austria and Switzerland[J]. Transport policy，2(4)：279 - 291.

[71] RATNER K A，GOETZ A R，2013. The reshaping of land use and urban form in Denver through transit-oriented development[J]. Cities，30(1)：31 - 46.

[72] ROY W，YVRANDE-BILLON A，2007. Ownership，contractual practices and technical efficiency：the case of urban public transport in France[J]. Journal of transport economics and policy，41(2)：257 - 282.

[73] RYE T，CARRENO M，2008. Concessionary fares and bus operator reimbursement in Scotland and Wales：No better or no worse off? [J]. Transport policy，15(4)：242 - 250.

[74] SANTOS G，BEHRENDT H，TEYTELBOYM A，2010. Part II：policy instruments for sustainable road transport[J]. Research in transportation economics (28)：46 - 91.

[75] SHARABY N，SHIFTAN Y，2012. The impact of fare integration on travel behavior and transit ridership[J]. Transport policy，21(3)：63 -70.

[76] VERBICH D，EI-GENEIDY A，2017. Public transit fare structure and social vulnerability in Montreal，Canada[J]. Transportation research Part A，96 (1)：43 - 53.

[77] WAN Z ，WANG X F，SPERLING D，2013. Policy and politics behind the public transportation systems of China's medium-sized cities：evidence from the Huizhou reform[J]. Utilities policy，27(12)：1 - 8.

[78] WILLIAMSON O E，2015. Transaction costs and property rights [J]. International encyclopedia of the social & behavioral sciences (24)：528 -532.

索 引

后　记

　　本书是国家社科基金重大项目"我国大中城市公共交通可持续优先发展的制度设计与运营机制研究"的部分成果。在研究过程中得到了众多专家学者、政府官员和公交公司领导的鼎力支持,我的学生们也协助进行了部分资料的收集和处理,在此一并表示感谢!

　　无论政府实行事后财政补贴制度还是事前购买公交服务制度,最关键的是城市能够从公共交通发展中获益,即通过吸引更多公众选择公共交通出行,实现缓解交通拥堵和降低空气污染的目标。公众选择公交出行,意味着规模效益显著,单位边际运输成本低,有利于政府实现社会福利最大化和运输对城市环境影响最小化等目标。然而,高公交分担率的实现并非易事,许多城市即使使用了低票价政策,投入了大量高性能公交车,城市公交分担率也没有多少提升。影响公交吸引力的因素很多,其中公交出行文化还缺少必要的关注,"穷人公交"理念在许多人心目中根深蒂固。如果一个城市不存在支持公交出行的文化,城市也没有培育这种文化,那么城市很可能无法从公交优先发展中获益。城市政府需要帮助民众树立正确的交通消费观,提高民众消费公共交通的自尊感和社会认同感。公共交通的服务对象是城市居民,居民出行主要看票价和服务水平。在低票价政策下,服务水平是居民出行考虑的重要因素,政府应积极改善公交出行环境和提高服务水平。

　　中国政府提出城市公交优先发展战略是基于公共交通相对于私家轿车,具有更小的负外部性和更高的道路利用率。目前的城市公共交通正处于一个发展与困难并存的时期,一方面发展需要持续不断的资金投入,另一方面城市公交分担率提高缓慢,政府财政预算约束下的运输成本最小化或客运量最大化目标难以实现。从补贴制度向政府购买服务制度变迁，能够有效地解决公交市场化与公益性之间的矛盾，调动运营商提高服务水平和降低运营成本的积极性，同时能够降低交易成本和提高行业效率。

徐丽群

2019 年 7 月 30 日